# 仏教における観法

遠藤祐純

ノンブル社

# はじめに

釈尊がクシナガラの沙羅林において無余依涅槃に入られ、仏教は孤高絶離の状態になり、繋りは、衆生からの至信帰依の念以外になくなって仕舞った。

その帰依の念も報われぬと思い定めたとき、確かなものとして、心中に輝くのである。それは自灯明《じとうみょう》（atta-dīpa）、法灯明《ほうとうみょう》（dhamma-dīpa）の世界であり、釈尊が最後の想いを籠めて私たち衆生に遺されたお言葉、

「壊《え》法《ほう》は移ろい行く、不放逸にして努めよ」（vaya dhamma saṃkhāra appamādena-sampādetha）

の世界である。

釈尊は、滅後の教団の在り方について何らの言及もされなかった。後継者を指名され

ることもなかった。釈尊の後継者として弟子で従兄弟の提婆達多（Devadatta）が、後継者の名乗りを挙げたが、智慧第一の「舎利弗」(Sāriputta)にも譲らぬものをとにべもなかった。滅後、荼毘、葬儀は大迦葉《だいかしよう》（Mahā kassapa）を中心として行なわれた。恐らく、僧伽《サンガ》の中で大迦葉が安居《あんご》の数が一番多い比丘《びく》だったのであろう。僧伽での序列は、今日でも、過ごした安居の数によるのである。

釈尊の滅を境に、僧伽の中に絶望の果ての怠堕《たいだ》と戒律（規律）の不履行が見られるようになり、一途で清新な求法の気配も見られなくなった。

釈尊の教えの散逸、戒律の崩壊、仏道を修す者にとって不可欠の三学（戒・定・慧）が等閑視にされることを恐れた大迦葉は、王舎城《おうしやじよう》の七葉窟《しちようくつ》（Satta-paṇṇi guhā）に五百人の阿羅漢《あらかん》を集会せしめ、多聞《たもん》第一の阿難《あなん》（Ānanda）が経部を誦出し、持律《じりつ》第一の優波離《うぱり》（Upāli）が律を誦出し、経・律の二蔵を結集した。

窟内に入れなかった比丘たちは窟外に結集を行なったといわれる。爾来、幾度か結集が行なわれた。第二回は、仏滅後一〇〇年、戒律の疑義を正すため、ヴェーサーリー（Vesālī）で七百人の比丘を集めて行なわれ、七百人結集とも称された。

第三回は、仏滅後二〇〇年、阿育王のとき、Pāṭaliputta（現在のPaṭnā）で、千人の比丘が集会し、経・律・論の三蔵を誦出した。

第四回は、紀元後二〇〇年頃、カニシカ王（Kaniṣka）のとき、世友尊者を中心として結集が行なわれた。

その後、仏教史にも載《の》ることが少なく、人の知る所も少ない第五回結集が、一八七一年ミャンマーのマンダレーでミンドン王のもとに行なわれた。その時合誦された三蔵は、大理石の石板に刻まれ、マンダレーヒルの麓のクトドゥパゴダの境内に納められている。その内訳は、律部一一一基、経部四一〇基、論部二〇八基、総計七二九基である。中国房山の石経に並ぶ巴利《パーリ》経典である。また、一九五五年から、仏滅二五〇〇年を記念して、ラングーン郊外十キロメー

マンダレーヒルの麓のクトドゥパゴダの境内の石刻のパーリ経典（ミャンマー文字）

トルほどの処のカバ・エイ（Kaba Aye, 世界平和）に、王舎城の七葉窟を模して建てられた講堂で、第六回結集が行なわれ、スリランカ、タイランドの三蔵を誦出照合し、その結果がミャンマー文字の三蔵として出版された。

経・律・論の三蔵として纏められ、比丘をはじめとする七衆（比丘〈bhikkhu〉・比丘尼〈bhikkhunī〉・沙弥〈sāmaṇera〉・沙弥尼〈sāmaṇerī〉・正学女〈sikkhamānā〉・優婆塞〈upāsaka〉・優婆夷〈upāsikā〉）のうち、比丘尼・沙弥尼・正学女などがいつの間にか仏教史からその姿を消して仕舞った（二、三年前、タイ国で比丘尼僧伽の成立が報じられた）。

釈尊の継母 Mahāpajāpatī のたっての願いで

クトドゥパゴダの境内の石刻のパーリ経典を収めた小パゴダ（模型）

「七葉窟」を模したマハーパッサナグハ（Mahāpasana cave）大講堂（1958年）

あった比丘尼僧伽の成立には、釈尊は最初から否定的で、難陀（Nanda）や長老比丘の口添えで、渋々認められたときも「ああ、僧伽の生命も五百年短くなった」と長歎息されたという。

比丘尼僧伽は常に比丘僧伽の支配下におかれて独自の活動は制限されていた。長老偈（Theragāthā, 南伝二五・小部三）と並ぶ、宗教体験を述べたすぐれた長老尼偈（Therīgāthā, 同）を遺しながら、僧伽内での評価は低かった。

定は、インドにおいて古くから瑜伽《ゆが》（yoga）として広く哲学、宗教と結びつき重要な修法として行なわれて来た。止悪の戒、寂静をもって真実を体証し、それを慧をもって知るのである。この世界は samathā（止）vipassanā（観）の世界である。この冥想法は種々な形で仏教内に行なわれているのである。ここでは南方上座部仏教の冥想法、密教における阿字観などを取り上げてみたい。

仏滅後一〇〇年〜三〇〇年頃にかけて分裂をはじめた仏教教団は、やがて二つの大きな流れに分かれた。小乗（上座部）と大乗（大衆部）の潮目の時代であった。

僧伽分裂の経緯は、『異部宗輪論』世友造／玄奘訳（大正№二〇三一）、『Tāranātha 仏教史』（『Tāranāthae de Doctorinae Buddhicae in India Propagatione』昭和三十九年、鈴木学術財団）に詳しい。南方上座部仏教（Theravāda）の国では部派仏教、大乗仏教が取り上げられることはなかった。Theravāda こそが真正の仏教であるとの自信と自負に溢れているのである。ここで、根本仏教を誇る南方上座部仏教の内観禅とインド、中国、日本に伝えられた大乗仏教、特に密教に視点をおいて、内観禅を通して考察を加えてみたいと思う。

# 目次

仏教における観法

はじめに　1

I　南方上座部仏教における内観禅（修行ノート）　17
——Vipassanā kammaṭṭhāna——

緒　言　18

一　修禅の準備……23

二　道……33

㈠自然の道 33
㈡苦滅道 33
㈢涅槃への道 35
1 内観修習 35
2 行者自問 36
㈣釈尊は如何にして涅槃への道を教示されたか 37

三 Vipassanā kammaṭṭhāna を修す前に……40
行者の知っておくべき事柄

㈠満たされるべき三つの条件 40
㈡行者に課せられる義務 40
㈢行者は活動的であってはならない 41
㈣経行 42
㈤信を正しく持す 42

㈥如何にして六根を互いに調整し合うべきか　43
㈦鵜匠の如く　44
四　禅堂に入る前の準備……45
㈠入堂の手続き　45
㈡修禅の妨げを除去　45
五　坐禅に適する場所の選定……48
六　適当な人物を阿闍梨として選ぶ……51
七　阿闍梨の資質……52
八　禅堂に入る者の心得……55

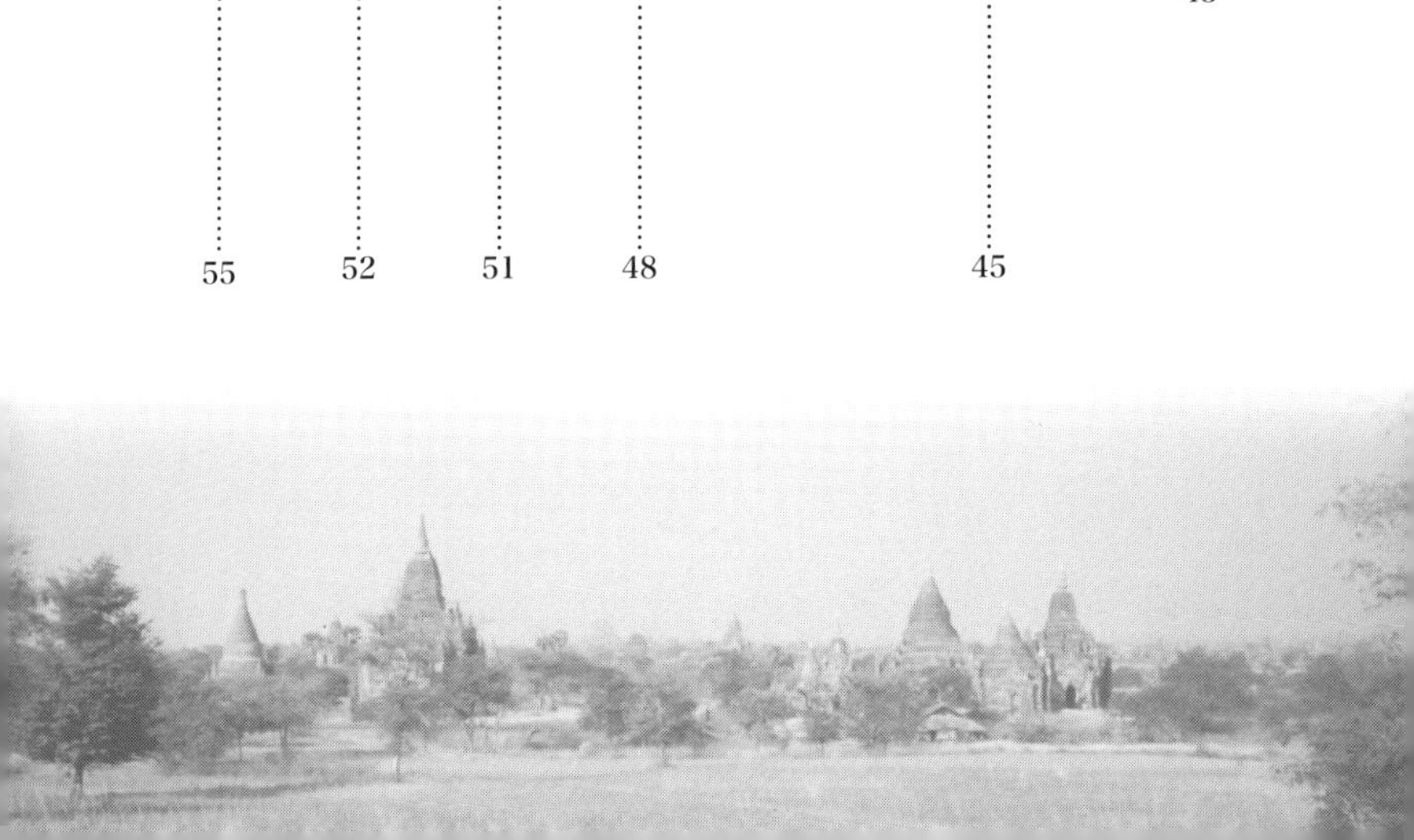

九　行者に対する忠告……60

十　行者の修習課程……70

第一課　坐法と経行　70
第二課　坐禅と経行　71
第三課　坐禅は四点、経行は三点を対照　72
第四課　坐禅は最後の一点に集中、経行は集中的に　73
第五課　坐禅は〝触〟に集中、経行は細部に意識を集中　74
第六課　坐禅しているときの覚知の処　76
1、覚知の処　76
2、経行のときの足の運び方　77
第七課　一切の動作に心を配る　77
第八課　根、境、識について　80
第九課　禅障碍の対応　80
第十課　坐禅中止のこと　82

第十一課　心を追跡　82
第十二課　心の覚知　83
第十三課　勝法を求めて　84
第十四課　一昼夜生滅法を追う　84
第十五課　心一境性を求めて　85
第十六課　再度修禅を望む者　86
1、第一の修行　86
2、第二の修行　87
3、第三の修行　88
十一　内観禅の成就……95
十二　むすび……96

II　密教における観法　107

一　密教への傾斜……108
1　上座部仏教と咒　108
2　部派仏教における咒蔵　112
3　大乗仏教における諸咒　113

二　密教における観法……118
1　『金剛頂経』における観法　118

2　月輪観　126
3　五相成身観　127
(1)阿娑頗那迦三摩地　128
(2)五相成身観　129
①通達本心　132
②修菩提心　133
③成金剛心　137
④証金剛身　138
⑤仏身円満　140
三　阿字観……………………………………………144
1　『大日経』の阿字観　146
(1)ブッダグフヤの阿字観――『大日経広釈』と『摂義』――　153
(2)『無畏三蔵禅要』の禅観　157
(3)空海の諸著作に見られる阿字観　159

『即身成仏義』164
『声字実相義』165
『吽字義』165
『秘密曼荼羅十住心論』168
『秘蔵宝鑰』168
『秘蔵記』169
(4)月輪観と阿字観 170
(5)空海の十大弟子 171
(6)『阿字観秘決集』雷密雲撰 174
①『𑖀字観用心口決』大師御伝 実慧大徳記（和訳）176
②覚鑁 188
③覚鑁における阿字観 190
イ『阿字観頌』191
ロ『阿字観』193
ハ『𑖀字観』𑖪𑖽作 194
ニ『𑖀字観儀』覚鑁上人御母儀へこれを御勧む 195
ホ『𑖀字観』200

ヘ『𑖀字観』202
ト『釈菩提心義』204
チ『𑖀字問答』𑖎𑖾𑖪𑖽記 205

あとがき 211

目次写真―ミャンマー・パガンの仏教遺跡（一部加工）
インド・アマラーヴァティーの南天鉄塔趾（一部加工）

# I

# 南方上座部仏教における内観禅（修行ノート）

## ——Vipassanā kammaṭṭhāna——

# 緒　言

半世紀以上も昔、私かに訳出したパーリ語の『Mahāparinibbāna Suttanta（大般涅槃経）』を読み返した。仏陀釈尊の生涯は、ルンビニー園におけるご生誕、ブッダガヤーの菩提樹下の成道にはじまり、クシナガラの沙羅双樹下における般涅槃に終焉を迎えている。釈尊は、さとりの内実を人びとに伝えるためベナレスの鹿野苑にはじまる転法輪以来四十年の歳月を過ごされた。

釈尊の定は、両辺を排し、同時に、内包する中道にあるとのみで詳細は不明である。定の世界は純粋体験の世界であるから、言を尽くすよりも、釈尊と迦葉《かしょう》の間の「拈華《ねんげ》微笑《みしょう》」に優るものはなく「修してこれを知れ」の世界である。

仏滅二五〇〇年を記念するBuddhajayanteの記念事業として、第六回結集が、ミャンマーのヤンゴン郊外のカバ・エイ（世界平和）の地に第一回結集時の「七葉窟」を模して建てられた大講堂で行なわれた。結集を記念して、世界の若い仏教者のために同地に開かれた Dhammadūta College に入り、南伝の上座部仏教を学び、具足戒を受け比丘となった。南方上座部仏教の実体を学習体験するため、今日広く行なわれている Vipassanā kammaṭṭhāna（内観禅）を、従来の禅を整えられた創始者である Aggamahāpaṇḍita Bhaddanta Sobhana Mahāthera（一般に Mahā-Sī Sayadaw）のもとに三ヶ月余り修禅し、更に、後にタイ国に渡りバンコク市の Wat Mahādhātu の禅堂で Phra Udonviñāna 長老の指導の許で、ミヤンマーで修した禅の続きを修し、一ヶ月ほどで Samatha 禅の允可《いんか》を受けて

現在のマハーパッサナグハ（Mahāpasana cave）大講堂

禅堂を出た。

このVipassanā kammaṭṭhāna は上座部仏教の思想に基づき『Mahāparinibbāna suttanta（大般涅槃経）』『Mahāsatipaṭṭhāna suttanta（大念処経）』『Satipaṭṭhāna suttanta（念処経）』『Visuddhimagga（清浄道論）』などに依りながら調えられたものである。

瑜伽宗とも呼ばれる真言宗は、インドにおいて瑜伽タントラに属し多くの儀軌、軌則類を有つ『金剛頂経』に依拠する所が大きいのでかく呼ばれたのであろう。真言宗の観法には「月輪観」「日輪観」「阿字観」などがあり、中国、日本には禅を主とする禅宗などがあるがそれらに触れることも修すこともなく、上座部仏教のVipassanā kammaṭṭhāna を修すことになった。

この禅は南方上座部仏教の国では広く知られている禅観である。修禅に出家、在家の別はないが修禅の人は多くない。

修禅に先立って阿闍梨の講義がある。禅の内容、特性、修禅の心構えなどが説かれた。テキストがあったと思ったが、失って仕舞った。幸い詳細な記述のノートが残されていたので、それによって述べたいと思う。

講義も、最初の二回ほどはMahā-Sī theraご自身が出講されたが、後は、他の複数の阿闍梨たちによってなされた。未だミャンマー語が覚束かなかったので、通訳を間に挟んでの講義であった。通訳に当ってくれた人が、当時のミャンマーの首相であったウーヌー首相の弟さんであった。修禅中に種々助言を頂くなどお世話になった。途中でそれを知り大いに恐縮したことが鮮明に思い出されるのである。因みに、ウーヌー首相も政策に行き詰まると、従者も連れず一人、禅場に姿を見せることがあった。

托鉢の帰り（Śwedagon Pagodaにて）

なおこの内観禅に関し、既に、拙筆「ミャンマー仏教における禅観」（『MINIMA ETHIKA』平成三年、神奈川青年会）、「上座部仏教における冥想法」（『智山ジャーナル』第十一号、二〇〇八年）の論文がある。

# 一　修禅の準備

仏教を学ぶ上で不可欠の三学は、八正道や六波羅蜜などにも説かれる戒・定・慧の三である。

戒は、出家、在家各自保つべき分際が決められている。在家は、五戒、布薩会の日の八斎戒（Candragomin〈六世紀後半頃の人。月官〉が八戒を終生守ったのでGomi流の戒ともいわれる）が決められており、出家の沙弥、沙弥尼は軽重合わせて二十戒、正学女は六法を守らねばならない。

具足戒を受けた比丘、比丘尼は（パーリ律で）それぞれ比丘は二二七戒、比丘尼は三一一戒を守らなければならない。鑑真の孫弟子の豊安は『戒律伝来記』（大正No.二三四七）の中で、早くも、三学のうち定・慧に問題はないが、戒律が等閑視されているとの歎きを洩らしているのである。

仏教の改革が叫ばれるとき、先ず、戒律が問題として取り上げられるのである。

次いで定であるが、初期仏教から密教に至る全体に渉って重要な問題とされる広汎な仏道の実践法であり、インドの伝統的な瑜伽と共に行なわれた。定（Skt.=dhyāna Pāli=jhāna）は√dhāであり「置く」という意であり、瑜伽（yoga）は√yujで「結び付ける」の意（yoke（軛《くびき》）はその派生語といわれる）で、主体と客体との合一であり、主客を離れた無分別界の智（無分別智）が働くのである。

これらの内実を含む生死流転の世界を低きより高きに三段階に分かつ。即ち、欲界（kāmadhātu）、色界（rūpadhātu）、無色界（arūpadhātu）で三界と称される世間（loka）である（本書26～27頁図参照）。

釈尊も我々と同じくこの三界に生を享けられたが、修行に励まれ、世間心を越えた未曽有の出世間心を得られ、世間に対し新たに出世間界に住された。

当時の宇宙観は、須弥山（Sumeru）を中心とし、金輪、水輪、風輪を辺際とする九山八海よりなっている。一番外海の東方には、東勝人国（Pubbavideha）、順次、南閻浮洲《なんえんぶしゅう》（Jambudīpa）、西牛《さいご》貨洲《かしゅう》（Aparagoyana）、北倶《ほっく》盧洲《るしゅう》（Uttarakurudīpa）の四洲があり、人は南方のjambu（rose apple）の果樹の茂れる閻浮洲に住すとする。

釈尊は、この南閻浮洲に生を享けられ、不可避の四苦に思い悩み、城を捨て一介の沙門となり、先ず訪うたのが、王舎城街に住むアーラーラ・カーラーマ（Ālāra Kālāma）仙であった。彼の許で修したのは無色界第三の無所有処（ākiñcañña-āyatana）定であった。釈尊は一週間ほどで師を凌《しの》ぐほどとなった。出鼻を挫かれた想いで、釈尊は次にウッダカ・ラーマプッタ（Uddaka Rāmaputta）の門を叩き、想も非想も倶に非なる境界に到るを至極とする無色界最高の非想非非想処（nevasaññā-nāsaññā-āyatana）定を修された。釈尊は日時を要することなく、四無色定の最高位に至った。しかし得たものは深い失望感であった。

師の要請を断わり、一人歩む求道の旅は、満たされることなく、前にも増して釈尊の心を萎えさせるものがあった。

そんな折、釈尊の身を案じた浄飯王《じょうぼんのう》は、釈迦族の五人の若者を連絡係としてまた同行者として釈尊のもとに送った。彼らの助言を受け、釈尊は、現在土地の人びとによってドルガシュリー（Durga Śrī）と呼ばれる前正覚山（Prāgbodhi）に六年間に渉る苦行を修されたのである。

**三界**

- **欲界**
  - 地獄
  - 餓鬼
  - 畜生
  - 修羅（南方上座部仏教では人・修羅の順）
  - 人
  - 天 — 六欲天
    - 他化自在天
    - 化楽天
    - 兜卒天
    - 須夜摩天
    - 忉利天
    - 四天王天
      - 持国天
      - 増長天
      - 広目天
      - 多聞天
- 初禅天
  - 梵衆天
  - 梵輔天
  - 大梵天

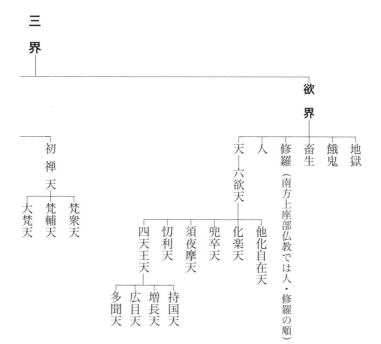

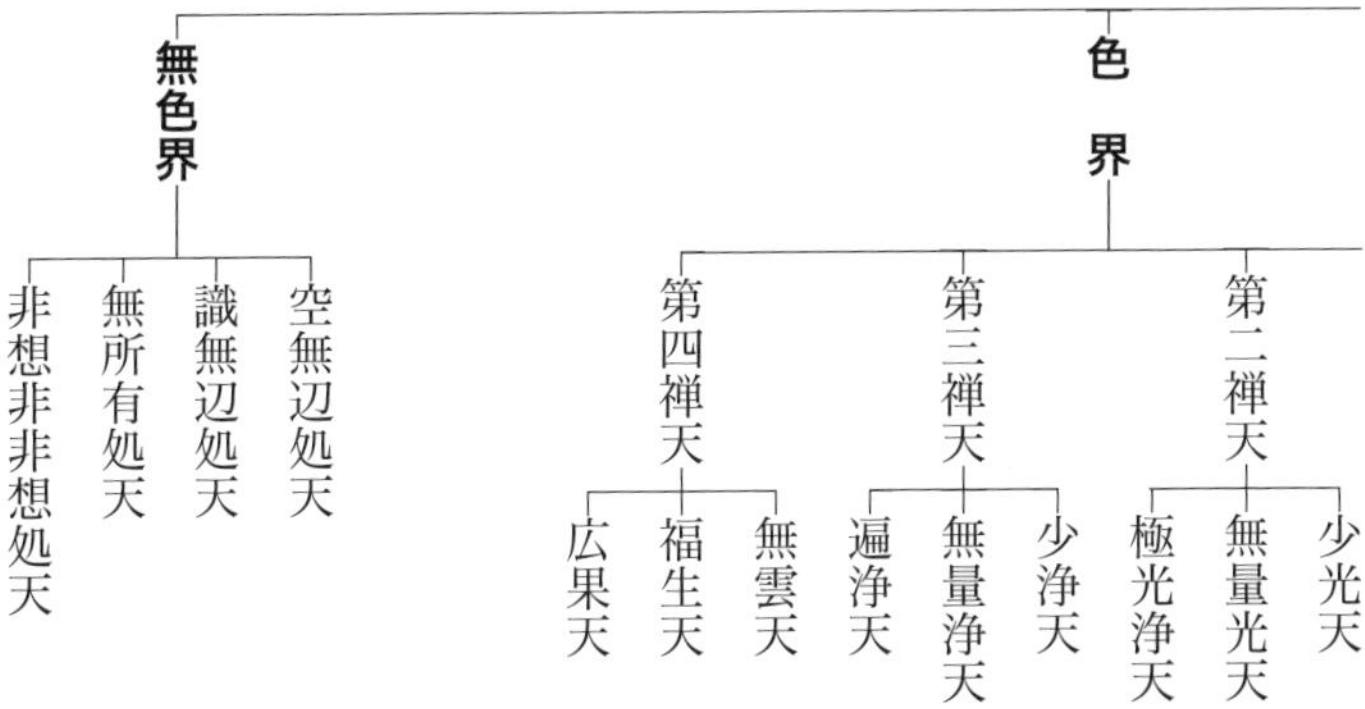
色界
第二禅天
少光天
無量光天
極光浄天
第三禅天
少浄天
無量浄天
遍浄天
第四禅天
無雲天
福生天
広果天
無色界
空無辺処天
識無辺処天
無所有処天
非想非非想処天

この禅はAppāṇaka-samādhi（無動禅）と呼ばれ、坐して動くことなく、少食少眠、時には呼吸を止め死の淵に立たれ気を失うこともあった。六年に渉る修定も何の効もなく、苦渋の末、釈尊は苦行を捨てられた。釈尊の苦行成満を期待し、庵を用意していた六人の修行者の仲間たちは、「瞿曇《くどん》は堕落した」と釈尊を離れ、ベナレスのイシパタナ（堕仙人処）に去って行った。

失意と孤独の影を背に山を降りる釈尊は施主（dāyaka）となった牧場主の娘スジャータ（Sujāta, 善生女）にたまたま乳糜《にゅうび》などの供養を受け、尼連禅河（Nerañjarā）に沐浴し心身を休められた。今まで気付かなかった木々をざわめかす風、河の流れの音、煌《きら》めく日の光に釈尊の心は和み静まり自然と一体となり、偏《かたよ》ることない中道に立たれていた。

やがてガヤー市の近くのニグローダやピッパラ樹の大木の繁る涼やかな林の中の一木の元に座を占められ、静かに、中道をもって冥想に入られた。しかし、冥想に入る手順も、坐法も呼吸法も何らの記録も残されていない。恐らく当時一般に行なわれていた瑜伽に倣った方法であったろう。

ヴェーサーカ（Vesākha, 五月の満月の日）の黎明、一条の曙光と共に釈尊は豁然として

今まで経験したことのない心地を得られた。その心中から出された最初のよろこびのお言葉は、

おお家の造作者よ、汝は見られて仕舞った
汝は再び家を建てることはないだろう
梁は折れ　棟は摧かれたり
心は止滅し　渇愛は再び生ずることはない

（法句経一五四）

であったろう。しかし、この悟境に至る行法、道筋には触れられておられず、この悟りが伝達可能か否かを求め、ベナレスに趣き、法を説かれ、それによって五人の修行仲間が悟境に入り、伝達可能なることが判った。爾来、四十五年の生涯を伝法教化の旅に費された。

国も家族も全て失った釈尊が、最後に目指されたのは、故郷であったろう。齢八十を数えるころ、釈尊は、王舎城、霊鷲山《りようじゆせん》を離れ旅立たれた。パータリプトラ(Pātaliputra, 現在のPaṭnā)まで北上し、そこで西に向われた。その先には故郷があった。道々

比丘の食事風景

の教化と供養で旅は遅々として進まなかった。
パーヴァー（Pavā）村で鍛冶工チュンダ（Cunda）の供養を受けられた。その時供されたのがsūkara-maddava（豚肉のうま煮、あるいは栴檀樹茸の料理）であった。南伝は、sūkaraを豚肉と解し、北伝は栴檀樹茸とし、それぞれ食の根拠にしている。

南方の仏教諸国では比丘は肉食勝手であるが、正午までに限られている。北方中国などは肉を忌避する、精進料理である。

釈尊は、チュンダの供養のスーカラ・マッダヴァを一口召上がられ、これは一般の人の食するに非ずとして全て地中に埋めさせた。
激しい下痢に見舞われながら阿難を促してクシナガラに向われた。

釈尊は、Upavattanaの末羅（Malla）族の沙羅林に北枕の床を用意するように命ぜられた。

沙羅の花の静かに散る中、釈尊は、色界の初禅、第二禅、第三禅そして第四禅に入られて、更に、無色界の禅、空無辺処（Ākāsānancāyatana）定に入られ、順次、第二禅・識無辺処（viññānañcāyatana）定、第三禅・無所有処（Ākiñcaniyāyatana）定、そして第四禅の非想非非想処（Na eva samjñā na asamjñā yatana）定に入られた。世間最勝の禅定である。

次いで出世間の滅想定に入られた。阿難はこれを見て、釈尊は入涅槃されたと誤解した。

釈尊は滅想定より起たれ、順次、四無色定を上位より下位へと行じ、更に、色界の四の禅定も初位に降り、更に、色界の初禅より第二禅、第三禅、第四禅へと進まれ、そして般涅槃されたのである。

釈尊は、四十五年前、ガヤーの菩提樹下で縁起の法を体解され大悟されたが、禅定内容に関しては語られることはなかった。そして大般涅槃のときも、禅定のときの坐法、呼吸法、心身の在り方、経行、等々何らの記録も残されなかった。

恐らく、当時の宗教、哲学には、瑜伽（yoga）や禅定（jhāna）が付随し、不即不離の関係にあったのではなかろうか。したがって、改めて説かれなかったとも思われるのである。

一貫した修禅の方法が出来ていない南方上座部仏教でミャンマーのマハーシー（Mahā-Sī）長老が『Mahāparinibbāna suttanta（大般涅槃経）』に見られる釈尊の禅定の様子を軸に『大念処経（Mahā-satipaṭṭhāna suttanta）』あるいは『清浄道論（Visuddhimagga）』などにより構成された。「Vipassanā kammaṭṭhāna」である。修禅の者は、禅堂に入る前にKammaṭṭhān Ācariya より以下の心得を学ばなければならないのである。

パゴダで冥想する比丘

# 二　道

仏教では、通常、道（magga）という語に二つの意味がある、とされる。

㈠自然の道（pakati magga）と呼ばれる我々が日常生活に用いる生活の道で、道、路、径、途、水路、山路等々、人あるいは動物などが歩く自然の道であり、人工的な道である。

㈡苦滅道（paṭipadā magga）といい苦滅の道であり、人間特有のもので、人間の行為即ち、身口意の三業を通しての善悪の行為である。四諦のうちの道諦として八正道が示され、広く一般の日常には十善業道、十不善業道が説かれる。即ち、身三（殺生、偸盗、邪婬）、口四（妄語、綺語、悪口、両舌）、意三（慳貪、瞋恚、邪見）である。この業道が輪廻の道へ繋がっているのである。

次の五が paṭipadā-magga としていわれる。
1　四悪趣に往く道。即ち、貪瞋癡の三毒による破戒行の世界。（空海の『十住心論』

における第一異生羝羊心）

2　人趣に転ずる道。五戒、八戒を保つ世界、人間界。（第二愚童持斎心）

3　欲界への道。托鉢に喜捨、説法を聴聞、寺院・塔・学校・病院等の造営に励む。（愚童持斎心）

4　梵天への道。（第三嬰童無畏心）

5　奢摩他（samatha）禅により四十種の対象となる概念に意識を集中させる。（第三嬰童無畏心）四十種の対象とは、

(1)十遍処（地遍、水遍、火遍、風、青、黄、赤、白、空、識遍）
(2)十不浄
(3)十憶念
(4)四梵住
(5)食厭想
(6)四界差別
(7)非色の業処（kammaṭṭhāna）

## ㈢涅槃への道（第四唯蘊無我心、第五抜業因種心に相当され、これ以上の住心は説かれない）

### 1　内観修習（Vipassanā bhāvanā）の実践、即ち、肉体的精神的な中において究極的な実在を知る。この涅槃への道は、更に五方面から考慮され、一乗道として知られる。

①唯一の道であり枝分かれはない。
②全ての繋縛を離れ、一人寂静の中に住する道。
③釈尊の如く優れた人の道である。即ち、自らの精進修行においてその道を発見して行く。
④仏教にのみ見られる道で他に類例はない。
⑤この道の導く先は唯一処である。即ち涅槃（nibbāna）である。

例えば、これら四念住（身念住、受念住、心念住、法念住）は、十分修行されたとき、離悪、離欲、解脱、寂滅、智慧、涅槃するためである。

「比丘らよ、恒河の流れが東岸に押し寄せるが如く、四念住を修せる比丘は、同

様に、涅槃に趣く」（「念処相応第六」恒河広説、南伝一六上・相応部五）

## 2　行者自問

問　変異して止まない色よりなる現在五蘊は、何時、何処に生じ滅し去るのであろうか。

答　それらは六根六境に生ず、即ち、
眼―色、耳―声、鼻―香、舌―味、身―触、意―法
それぞれが合したとき、生じそしてそれらが滅に向うのである。

問　貪瞋癡の三毒は何処より何時生じ滅し去るのか。

答　六根が六境に合したとき生ずる。例えば、物を見るとき、形の陰に潜む真の実体を認識し得ないときに三毒が生ずる。同様に、六根六境がそれぞれ合したとき、貪瞋癡の三毒が生ずる。

問　貪瞋癡が生ずる限りにおいて、人は堕落から解脱出来るだろうか。

答　そのような事は有り得ない。

問　もし、そうであれば、如何にすれば堕落から逸れることが出来るか。

答　涅槃に趣くべく修行を積むべきである。
問　涅槃への道は。
答　内観行を増進させるため、前述の四念処法《しねんじょほう》を修すべきである。

㈣釈尊は如何にして涅槃への道を教示されたか

かつて釈尊が、クル国の Kammasadhamma 村に住されたとき、クル国の人びとに悟りの教えを推し進めるために四念処法について説かれた。「クル国の人びとは、四衆全て法を聞く用意がある。まさに法を説く気運満ちて深い内観修智に適している」と釈尊はお知りになられて、彼らに、七宝にも比すべき法をお説きになられた。慕い集う四衆に四念処法を説示されたのである。

クル国の釈尊を慕う人びとは、以前から四念処法を修していた。身分の卑しい人びとすらも、念処について語り合うほどであった。川岸や店先に憩うとき、あるいは織機の傍で語るのも念処についてであった。

女性が常に訊ねられることは、念処を修しているかどうかであり、もし、修していないと答えると、人びとは彼女を非難して言うのである。「彼女は、現在生きているけれども、実は、死んでいるに等しい」と。そして彼女に、その様なことのない様に諭し、念処のいずれかを修すことを奨めるのである。

もし婦人の誰かが、念処の一を修している。例えば、身念処を修していると答えれば、クル国の人びとは彼女を讃歎して「彼女は良き生き方をし人生を全うする。仏陀は、彼女の利益のため、現世に現われ給うたのである」と言うであろう。遇い難き仏法に値遇した今生、時を徒らに浪費すべきでなく、昔の業果を遠離するために正法を修すべきである。

Śwedagon Pagota に憩う人

もし我々が過去に善業を積めば、それに随って向果を得る。釈尊は、次のように告げられる。

「比丘らよ、一法を如法に修する者は、預流果を証すべく修習する者であり、一乗果を証するために修す者であり、不還果と阿羅漢果を証する者である」

「何が一法か。身念処、即ち、身に向ける念がそれである。比丘らよ、身念処を修さない者は、不死の法を得ることが出来ない。身念を行ずる者は、不死の法（amata dhamma）を得る」

## 三　Vipassanā kammaṭṭhāna を修す前に行者の知っておくべき事柄

㈠満たされるべき三つの条件

1　upanissaya　依止師のいること。

2　ārakkha　保護、即ち六根を清浄に保つこと。

3　upanibandha　結縛、即ち、四念処に心を統一すること。

㈡行者に課せられる義務

1　不放逸と勤勉な修行により最上法に達するまでは、途中で止めたり諦めたりしない不退転の意志。不退転の意志の前には、皮肉骨髄を残して血が干上っても残りの努力は向果、最終の涅槃に注がれるべきである。

2　少食、少眠、少語。

3　眼耳鼻舌身意の六根をコントロールする。

4　行住坐臥を静かに緩やかに。

5　三の有益な肉体的要素で動作する。即ち、活力、エネルギー（精進力）、念（注意力）、観（認識）を同時に観察する。例えば、行者は十分に注意して歩行し、滞ることなく常に知覚作用を働かせる。これがエネルギーである。全ての動作を前もって意識する。これが念である。如何なる小さな動作でも、それを意識する。これが認識である。

㈢行者は活動的であってはならない

1　kammārāmata　部屋の掃除、読書、書き物などで忙しく動きまわることを離れる。

2　niddārāmata（睡眠をよろこぶ）　眠り過ぎて行を等閑にする。行者は一日四時間以内に睡眠時間を留《とど》める。

3　bhassarāmata　談話に時を過ごし、自己の動作、心活動の追跡をしない。

4　saṅgaṇikārāmata　仲間の中に安住して独住しない。

5　aguttadvārātā（不護門者）　六根を正しく保たない。

6　bhagone amattaññutā　食において量を知らない。
7　yathā vimuttaṃ cittanapaccavekkhati　解脱心を如実に観察しない。

㈣経行
心一境性がよくなされているときは、十分注意して一時間ばかり経行《きんひん》して更に坐し身心の凡ゆる動きを把捉する。三〇分、一時間あるいは個人の状態によっては数時間坐す。経行の目安としては、二時間坐して三〇分の経行である。

㈤信を正しく持す
信を正しく持して心統一と不放逸を調整する。もし、心統一が不十分なのに精進力が強力なら、例えば、かく入息し、かく出息し、かく坐し、かく触しなどの知覚を認知しているときに、もし、それらの行動を覚知せず、また、そうしようと試みることも出来ぬなら、精進の意向のみが強力にして掉挙《じょうこ》が生ずる。もし、定のみが強力で精進力が不十分なら昏眠が生起する。もし、信のみが強烈で精進が不十分なら貪欲が生ずる。もし、慧のみが強力で信が不十分なら混乱と混迷が生起する。故に、心の充足を他の心作用間の中庸に調整するなら過激にも不足にもならない。

このような心作用の調整は、恰も、馭者が馬車馬を操るようなものである。

## ㈥如何にして六根を互いに調整し合うべきか

1　経行《きんひん》を行ずる場合、十分の注意を払い緩《ゆる》やかに歩み、刹那刹那に生ずる無量の動作を一念一念のうちに憶持する。最初、足の爪先に視線を集めて視線を外《そら》さない。このように、顔を下に向けていると首の後部に苦痛が生じて来る。その時、爪先から二メートルばかり先の所に視線を置く様にする。そうすれば心は乱れることなく心統一が出来る。心は、深い心統一（citta ekaggata, 心一境性）が出来る。心が深い統一状態（cittasamādhi）に入れば、真の実在が顕現してくる。

2　経行を行じ終わったなら坐して出入息を観ずる。その場合、心をあまり放逸にしたり極度に緊張させない。例えば、睡魔が襲って来たときは、それと戦い、心身の働きを追跡出来ないときは、それをどこまでも追跡し、止めない様に努めなければならない。これは、苦行への耽溺《たんでき》（attakilamathānuyoga）と呼ばれる。しかし、そうかといって修行を等閑視にしてはならない。

例えば、懈怠《けたい》の心の赴くままに動くことを避けねばならない。このような等閑《なおざり》な行を愛欲貪著（kāmesukhalikānuyoga）と呼ぶ。この様な懈怠の心に迷わされず、各行者の能力に応じて放逸でもなく苦行でもない中庸の行を取るべきである。これが中道（majjhima paṭipadā）と呼ばれるものである。

(七)鵜匠の如く
心は、丁度多くの糸をもって鵜を自在に操るように、種々の状態を一貫した平衡裡に保たねばならない。例えば、経行の後に坐禅、これら一連の行為の中に生ずる種々の意識の働き、身体活動を絶えず覚知して離れることのないようにする。その間、動作は緩やかに行なう。

# 四　禅堂に入る前の準備

㈠入堂の手続き

1　禅堂の主管者に入所願を提出。

2　入堂の許可が下りれば、禅堂の監督が独房を割り当てる。

3　房は常に清潔に保つ。

4　寝具、洗面道具など必要最少の準備。

㈡修禅の妨げを除去

行者（出家・在家共に）は次の十の障礙から解放されなければならない。

①住所―比丘は通常、僧院と日用品

得度式（Mahāmuni Pagoda, マンダレー）

について心配する。

②家（kula）―僧院長や長老たち、あるいは親属、親戚、檀越などを気に懸ける。このようなことで心落ち着かず心統一が妨げられるので、これらより心を離すように努める。

③利得（lābha）―生活に不可欠なもの、比丘が勤行、説法など、あるいは諸行事を思い患う。在家者は、事業、商売のことに頭を悩ませる。

以上のような種々の差し障りは除去しなければならない。

④聚（gaṇa）―比丘は、弟子たちに教える時間が少なくなることを心配する。在家者は、務め先の主人あるいは使用人について種々思い患う。このような事で心が乱され沈思冥想が妨げられるので、これらの除去に努めなければならない。

⑤作務（kamma）―比丘は、僧院の建造物について心配し、礼拝堂、学校の建設に伴う諸の費用の捻出に心を痛める。もし、このような事で心が動揺すれば沈思冥想は妨げられる。故に、この様な悩患は速やかに除去されるべきである。

⑥旅行（addhāna）―多くの比丘は、各地に高僧を訪ね、あるいはその僧院での生活に

触れたいとか、仏跡参拝に心が動かされる。在家者は、国の内外を問わず、事業のため見聞を広めるため旅行を願う。もし、この様なことで、心が悩まされるなら、沈思冥想は不可能なので、宜しくこれらを除去すべきである。

⑦親属（ñāti）―比丘の多くは、弟子や教え子らを心配し、在家者は、親属らを心配する。このような事で心を悩ますなら、沈思冥想は不可能であるから、この様な思いから逃れるべく務める。

⑧病（ābādha）―病に罹ることを心配する。坐禅中に病になったらなどのことで心を悩ますなら沈思冥想は出来ない。禅堂に入る前に解決しておくべきである。

⑨読書（gantha）―自分の学問について懊悩《おうのう》する。もし、このようなことで心が乱されるなら沈思冥想は意の如くならない。故に、この様な悩は除去しなければならない。

⑩神変（iddhi）―潜在する可能性は、丁度、一寸度した病から苗が枯れるように、非常に発見し難いように、神変は、無上の権力者から権能が付与されている上流社会の人のように力を内蔵している。もし、権力や権威、勢力などを思い患って沈思冥想が意の如く行ぜられないなら、この様な思いは除去されなければならない。

## 五　坐禅に適する場所の選定

①村落からあまり遠くなく近過ぎない、往来に便利な所。もし、遠く人里離れた孤立した所なら、怖畏心が生じ、また、村落に近過ぎれば、人声、人の動きに心が乱されて十分修行が出来ない。

②日中には来訪者が少なく、夜間には静かな所。

③蝿、蚊、蛇などが居なく、風や熱気に晒されない所。

④衣食住薬など比丘の四具の整っている僧院。

⑤広く阿含、経典に通じ、持法者、持律者であり持母論者である長老の住する所で、行者が禅観において目指す所、時間の配分など質問出来る所。行者はいつでも好きなときに指導者に疑問点を訊ねることが出来、修禅中に生起した新しい現象、疑問について指導者である阿闍梨に問うことの出来る所。

指導の阿闍梨は、それらの疑問に対し、明快な解答を与え、行者に少しでも疑問や不確かな念を残させない。

以上の事は内観の禅には不可欠の用意である。

『清浄道論』（『Visuddhimagga』南伝六二、一三七頁。Buddhaghosa〈仏音。五世紀中頃〉造）に次のような文がある（取意）。

「定の修習に適しない精舎。

①大きな精舎——多くの種々の目的をもった者が集まる。義務が疎かになる。他の比丘の談話が耳に入る。

②新しい精舎——普請あり手伝いを必要とする。

③古い精舎——修理する所多し。

④泉のある精舎——水汲みに多くの人びとが集まる。

⑤野菜の採れる精舎——蔬菜《そさい》ある所は野菜採りが喧しい。

⑥路傍にある精舎——日夜来客多し。

⑦開花せる木のある精舎——日夜花見客の来訪多し。

⑧果実の実る木のある精舎――果を採りに多くの人がやってくる。
⑨人びとに渇仰される精舎――多くの人に尊崇され多くの人が集まる。
⑩街に近い精舎――様々な繫りが出来る。
⑪林近き精舎――薪や材木取りの人びとが多く集まる。
⑫田畠に近い精舎――精舎内に牛を繫ぎ穀を干す。
⑬仲違いせる人のいる精舎――敵対する者同士が相争う。
⑭商取引きの場に近い精舎――商人たちが水を求めて庭に入る。
⑮辺境に近い精舎――三宝に対して信仰がない。
⑯国境に近い精舎――王に対して怖畏あり。
⑰異様な精舎――異生の類、非人が棲息する」
以上のような精舎は避けるべきである。

## 六　適当な人物を阿闍梨として選ぶ

阿闍梨を選び、禅を修す利益は次の通りである。

①阿闍梨は、行者に大きな利益を与えることの出来る人である。

②阿闍梨は、弟子たちから最大の尊敬を受けるに足る人である。

③阿闍梨は、弟子たちを利益することの出来る人である。

以上のような阿闍梨は、現在・未来において弟子に大いなる利益を与え、涅槃の道を示し、その利益を示す。そして弟子たちからは最大の尊敬が贈られるのである。故に ācariya であり guru であるべき人は、人びとの良き友であり道を求める人びとと交わり、共に聖なる利益の探究に努めなければならない。そして『清浄道論』に示される種々の資格を兼ね具えなければならないのである。

# 七　阿闍梨の資質

①持戒堅固の人。

②揺るぎなき信念を持っている人。

③よく行を積み、仏教に通じ諸作法に詳しい持戒者であり、よく己れを整え人びとから尊敬され称讃される人。

④実践行に正しい理論を与え得る人。

⑤行者の理解出来ない所を容易《やさし》く説明し、忠告して指導し、その指導において常にやさしい口調を保ち嫌悪、怒りの情を示さない人。

⑥内観禅について、禅を行ずる者に、個人的に、連続して説明出来る人。即ち、五蘊、十二処、十八界、二十二根、四聖諦、十二縁起などである。

もし、禅の修行を直ぐに行ずることを希うなら、その時、阿闍梨は、行者が事前に多くの経典、教理を学ばずに直ちに禅に入れるよう指導出来る。しかし、これは、行者が行中にする経典の学習を否定するものではない。ここでは、教理を学することよりも禅行を主目的とするからである。

⑦正しい修禅の方法を行者に示し、適切に指導出来る人。勿論、この場合、行者の才能を伸ばして自ら果を得られるように指導するのが大切である。指導する阿闍梨は、確固たる信念をもって適切な指導を行なうべきであり、行者を常に正しい方向に向わせ、その努力を現法利益（diṭṭhadhamma kattha payojana）、未来法利益（samparāyikattha payojana）、出世間利益（lokottara payojana）に向けさせる。

以上七項目に渉って示された内容に相応する人が禅の指導者（kammaṭṭhānācariya）に応わしい人である。

また別に次のことがいわれる。

①信具足の人（saddhāsampanno）　仏の涅槃の慧と業の円満成就は、深信を持ち全ての生きとし生ける者に限りなき慈愍の念を抱く人。

②戒具足の人（sīlasampanno）　戒を十全に保持せる人。

③多聞の人（sutasampanno）　教理をよく知り禅の理論をよく把握している人。

④捨、棄捨、献身的な行為（cāgasampanno）を具え、常に寛大な気持ちを持ち、慈念を保ち、俗塵を厭うて静かな所に住み、寂静を好む人。

⑤精進者（vīriyasampanno）常に勉めて怠らず、禅の修行に鋭意励む人。

⑥定具足者（satisampanno）四念処を修して定を体解せる人。

⑦三昧具足者（samādhisampanno）坐禅を通して揺ぎなき三昧境を体得した人。

⑧慧具足者（paññasampanno）世俗の生活倫理を離れ完全なる智を獲得せる人。彼は、己れの体解せる智をもって、禅が生きとし生ける者全てにとって利益となるかどうかを自ら知る者である。彼は、生ける者のみに力を注ぐ。

以上のような資格を有する人は、修禅の人の良き友であり、良き指導者である。

## 八　禅堂に入る者の心得

①禅を修せんとする者は、香華灯を用意し、日々の勤行に備える。
②指導の阿闍梨に挨拶する。
③灯明、香を三宝に供養す。
④はじめ、比丘がパーリ語で戒を誦し、在家者がそれに続いて八戒を守ることを誓う。
⑤三宝と指導者に対し帰依する。
Imāhaṃ bhagavā attabhavaṃ tumhākaṃ pariccajāmi/（師よ、私は全てを挙げて師に帰依いたします）
即ち、今日より内観禅を修するに当たり全生命を賭して三宝に帰依するのである。
Imāhaṃ ācariya attabhavaṃ tumhākaṃ pariccajāmi/（師よ、私は今より内観禅を修するに当たり全生命を賭して師に帰依いたします）
⑥内観禅を修すために次のように請問する。

Nibbānassa me bhante sacchikaranaṭṭhapa kammaṭṭhānaṃ/（師よ、我れに涅槃を現証するための禅を教示して下さい）

⑦修禅の者は、慈愍の念を普く一切に施さねばならない。即ち、

Ahaṃ sukhito homi avero homi abyāpajjho homi anīyo homi sukhī attānaṃ pariharāmi/（我に幸あり不苦、不瞋、不恚、無苦ありて福楽を持す）

Sabbe satta sabbepāṇa sabbe bhūta sabbe puggalā attabhāva pariyāpannā/（全ての衆生、全ての生類、全有性、全人類を害わない）

Sabbe vinipātika avera abyāpajjhā anigā hontu sukhī attānaṃ pariharantu/（全ての堕獄者にも瞋恚なく怖畏、殺生に及ぶことなく自らに福を持せ）

Paratthimāya（dakkhināya, pacchimāya, uttarāya）disāya sabbe satta sukhita hontu/（東〈南、西、北〉方の全衆生に幸あらんことを）

Paratthimāya anudisāya（dakkhināya anudisāya. pacchimāya anudisāya. uttarāya anudisāya）sabbe sattā sukhita hontu/（東南〈南西、北西、北東〉の一切の衆生に幸あらんことを）

Reṭṭhimāya disāya sabbe sattā sukhito hontu/ uparimāya disāya sabbe sattā sukhito hontu/（下方〈上方〉の全てにおいて衆生に幸あらんことを）

Sabbe sattā sabbadukkhā pamucchantu/（十方の一切衆生の全て苦が消滅せんことを）

Sabbe sattā laddhasampattito ma vigacchantu/（一切衆生の得たる所のもの消滅せざれ）

Sabbe sattā kammassakā kammadāyadā kammabandhu kammapatisaraṇā/（一切衆生は、業所有であり業相続、業縁、業を所依とするものである）

彼らは、善悪の孰《いず》れかを行じ自己の生を相続する。

⑧仏法僧の三宝を讃える聖教を誦せ。

念死禅を修せ。生は移ろい易く、死は確実である。我らの生の移ろい尽きるとき、死が訪れる。生は儚く死は確実である（我らの生の燃え尽きるとき死が訪れる。生は儚く死は確実である）。

我らが、今、内観の禅を修する好機を得たるは、生の虚しからざるなり。仏法に遇えるにおいておや。

⑨仏とその戒法に誓を立てよ。

Yeneva yanti nibbānaṃ buddhā tesañca sāvaka ekoyanena maggena satipaṭṭhānasaññina/（凡そ涅槃に往ける彼の仏は声聞一乗道の念処〈法〉を制御する）

⑩Imāya dhammānudhamma paṭipattiyā buddhaṃ (dhammaṃ saṃghaṃ) pūjāmi/（法と随法の成就せる仏〈法・僧〉に、私は礼します）

⑪Addhā imāya paṭipattiyā jāti jarābhayādhi maraṇādīhi patimuñcisāmi/（実にこの実践道により生老病死の苦より脱れることを得ん）

指導者は、適当な時間を見計って一五～三〇分ほど行者に対して指導する。

Śwedagon Pagoda

# 九　行者に対する忠告

仏法に遇えるこの好機に、人格完成のため、戒を保ち沈思冥想の生活をし、自己の内に鋭く目を走らせることはこよなきことである。

戒は、優婆塞《うばそく》の五戒・八戒、沙弥の十戒、比丘の二百二十七戒である。戒の完成は、現在と未来における生活の福楽を約束するが、その戒が世間的なものに滞る限り衆生世界から完全に解脱することは覚束ない。故に我々は、より完成されたものへと向上するためには、出世間戒を心に摂受しなければならない。

出世間戒は道戒と果戒である。もし我々が果戒まで修行を推し進めれば、その時は、悪趣から完全に解脱する。故に、現世において道戒、果戒を修めることは極めて利益のあることである。

もし、我々が真剣に禅行に励むならば、仏法に遇えるこの良き機会に必ず良い結果を見るであろう。しかしまた、かかる好機を等閑にして禅行を修さなければいつまでも生死輪廻の輪より脱け出すことは出来ない。

今生においてはなお前世の業が残り活動し、未来の悪業を造る素地は、今日造作されつつある。

已造の業は、次から次へと、絶え間なく累積されて行く。

「人身受け難く　今已に受く」というこの受け難き人身を受ける四つの理由は、

① Buddhuppādo ca dullabho（仏の出世は得難い）

出世せる仏は、前世に多くの行願を円満なされた。その修行に要した時間は非常に長く、ある仏は、行願を円満させるため二十阿僧祇（asaṃkhya）と二十万劫を費やしている。仏として応わしくなるまでは、非常に長い時間を費やしていたことが判る。例えば、円満具足の釈尊は、仏にならんと志してから七阿僧祇劫（asaṃkhya kalpa）を経ているのである。更に、仏位を得んと宣言するまでにはお九阿僧祇劫の時間を要したのである。九阿僧祇劫が過ぎて、更に八聖道を完成せねばならなかった。それで、彼は仏から、永遠の菩薩と呼ばれる仏の生活に達することが出来るであろうといわれる。更に永遠の菩薩の位に住し、四度の仏時代、六度の配置換え、七の未曽有法を行じなければならなかった。

彼の最後の生において、仏の位を得るための最後の行として六年間の苦行を過ごさなければならなかった。そして彼は中道をもって仏陀となられたのである。

こうして見ても、仏に遇うことが如何に困難であるかが判る。

かつて無仏の時代があった。その時の衆生は暗黒の淵に沈んで、苦よりの解脱を知らず、涅槃に至っては全く知る由もなかった。我々が、今日、生を享けている時代は仏時代（Buddha-kappa）であり、仏法僧の三宝が円満せる時代である。

仏の出世は実に稀なことであり、我々は得難き仏出世の時代に遇ったのである。

②Manussattabhavo dullabho（人身受け難し）

第二に稀なることとは、人身を享けることである。これは前世の善業のお陰である。前世の業が現世の生を決定し、その業が我々を人間に生ぜしめたのである。故に、今生に完全な人間として生を得たことは実に稀有なることといわねばならない。

③ Pappajitabhava dullabho（出家することの稀有）

人身を得たばかりでなく、出家し比丘となることは稀有なることであり、その上、悟りへの道である内観禅を修することは真に稀有なることである。この禅を修する者は比丘と呼ばれる。そして、この禅を成就せる者は何人にあれ滅尽定に赴く。

故に、優婆塞にあれ優婆夷にあれ、黄衣を纏わなくともこの事をよく理解すべきである。もし、彼らが善業を増進せんがために、法を如実に行ずれば、彼らは増益を行じていることになる。このようなことも我々にとって極めて稀有なることというべきである。

如法に行ずる者は、法を見るものであり、亦た、内観禅を希求して入堂しようと望む者は、近い将来、必ず法を具するであろう。

④ Saddhāsampanno dullabha（信を具すことは稀有のこと）

仏内証の智に深い信を持し、三宝に供養し戒を保ち法を聞き禅を修すことは誠に稀有なることである。法を聴き、禅を修すことは稀有なることである。これは正見といわれ正信に分類される。

信には二の範疇ある。
イ、pakati saddhā　即ち、根本信。
ロ、bhāvanā saddhā　即ち修習信である。
根本信は、修善、供養、聞法、持戒など通常行なうもの。

修習信は、内観禅を修し、名・色・三世間を知り、向、果、涅槃に達することである。

以上のように両方の信を具足している人は、実に稀有なる人といわれる。これが第四の稀有なる実態である。内観禅を行ずることの意義は、以上の様な特性を拡大して深め、定と慧より高い所へと推し進めて行く所にある。


戒には、前述のとおり、二種ある。
イ、五戒、八戒、十戒、二百二十七戒、三百十一戒などの世間戒（lokiya sīla）。
ロ、内観禅を行ずる者のみが保つ増上戒（adhi sīla）としての出世間戒（lokuttara sīla）である。

定も二に分けられる。

イ、世間定（lokiya samādhi）で、内観禅を修する者で、未だ向、果の位に達しないもの。

ロ、増上定（lokuttara samādhi）として知られ、内観禅によって向、果に達することを得る。

慧も二に分けられる。

イ、世間慧（lokiya pañña）は、善・不善、利益・不利益の中に内観を含み、名色三相の中に内観を含むが、しかし、向果涅槃の中には含まない。

ロ、出世間慧（lokuttara pañña）即ち修習慧（bhāvanāmaya pañña）は、内観禅を向、果、涅槃で修す人に起こる。これが増長慧（adhi pañña）である。

上述の三学のもとに、清浄なる生活を完成せんがために内観禅を修す。我々が今生においてこの内観禅を修することが出来るのは、誠に幸いというべきである。この機会を逃す者は、仏教とは名ばかりで法の存しない空虚な世界に生まれたことを、後世において残念に思うだろう。

最初の禅を修し、法眼（dhammacakkhu）を得た者は、計り知れない法悦を知り、阿難に告げられた釈尊のお言葉のうちに見いだされるように、仏に無量の礼を尽くすであろう。

「阿難よ、法を正しく行ずる者は、それが比丘、比丘尼、優婆塞、優婆夷にもせよ、

　正しくわれ如来に帰依するものである」

と、経典の中に屡々、彼らこそが、真の勝者であると記されている。

この他に、「比丘らよ、我れに帰依する者はTissa長老に斉《ひと》しい者である」と、香華灯など凡《あら》ゆるものを供養しても、それは真の帰依とは思われない。唯、法に如実に随って生きるものが、真に帰依するものである。まして、内観禅を修す者は、法を継承し、広宣布し未来の仏法の発展に寄与するものである。また「法に随って我れに帰依する四聚の在る限り、我が教えは、夜空に懸る満月のように輝き渡るであろう」、かかる優れた人が、今生に、内観禅に参加することは、その利益が自己一身に留まらず、他の全ての生きとし生ける者までも及ぼすことになる。そして「仏陀の教えを繁栄と増長と増大へと導き、自らは涅槃に到る」のである。

〈以上のように忠告を与え、次のように指導する〉以下の行は緩《ゆっく》りと行ずる。

①経行の教授
経行（cankama）のときには、全ての注意を左右の足の動きに集中させ、立ち止まったとき、向きを変えるときの心の置き所について教授する。
②坐禅のとき、心統一を如何にして得るかを教授する。即ち、入息と出息を腹部の動きの上に覚知する。
かく入息し、かく出息す、と。

（呼吸の出入に伴う横隔膜の上下に意識を集中し、体を楽に保ち心を静め、横隔膜の上下運動に意識を集中する。

坐禅のときの呼吸は、横隔膜の動きに心を集中して、鼻口にしてはならない。横隔膜呼吸はそれ自体で心を静め、自然に煩悩を鎮める）
③受（vedanā）の上に心を集中する様に導き、受を認識するようにする。例えば、何処かに苦痛が生じたとき、その苦痛に心を集中し、〝かく苦痛なり〟と受け止める。
④次に、想（saññā）の上に心を集中するように導く。もし行者が、考えることがあるなら、その想を認知し、かく想念すと心に刻む。

⑤行者の心を眼・耳・鼻・舌・身・意の六根に集中するように導く。
イ　見ているときは、その様子を認識し、――かく見たり――と。
ロ　聞いているときは、その音声を認識し、――かく聞けり――と。
ハ　香を嗅いでいるときは、その匂いを認識し、――かく匂えり――と。
ニ　味わっているときは、その味を認識して、――かく味わうなり――と。
ホ　寒暑、剛軟の触を感じているときは、その触を認識し、――かく触れたり――と。
ヘ　考えているときは、その想を認識し、――かく想念す――と。
⑥次に、より内面的な身体の動きに心を集中し、それを認識するように行者を導く。
例えば、経行で前方に歩を進める、戻る、右廻する、左廻する、屈伸する、黄衣を着る、鉢を肩にかける、食する、飲む、噛む、味わう、水浴をする、便所に行く、歩む、佇む、話す、黙する等々。

〈指導者は、まず最初、行者をよく観察する。もし行者が、仏教教理を全く知らず、また老人であれば、経行を注意深く行なわしめる。出入息を横隔膜に観ぜしめ、識、想を認知するように指導する。最初はこれだけで十分である。後日、行者を観察し、その行の進展にしたがってよ

り高次の段階へ導く。これは若者や子供にも同様である〉

⑦指導の済んだ後は、行者を房に帰し行を継続させる。

⑧指導者の阿闍梨は、毎日、行者を親しく見廻り、その心意識の状況を観察し、その意識の状況に応じてより高度の修禅の方法を指示する。

例えば、行者が名色決定智（nāma-rūpa paricchedañāṇa）を完成したなら、その上の段階、即ち、行者が屈伸起立を欲するとき、まず、その想を認知することを教える。行者が縁摂受の慧（paccayapariggahañāṇa）を知ったとき、経行のときの歩の運びを次のようにする。

かく足を挙げ、かく足を進める、と。坐禅においては、呼吸を腹部に、かく入息し、かく出息す、と観ぜしめる。

〈一日に二段階以上、階梯を進めてはならない〉

# 十　行者の修習課程

第一課　坐法と経行

①結跏趺坐が原則であるが、半跏坐、安坐、病人は横臥の姿勢で冥想する。入息出息のそれぞれの動きに意識を凝らし、その動きに合わせて入息、出息を認知する。
②立てるときは、我れかく起ち、かく立てりと認知する。
③体を椅子・壁などに凭《もた》れかけて冥想するときも同様である。
④経行《きんひん》を行じているときは、足の運びに意識を集中する。右足が前方に進むときは、それを認知する。その時の視線は右足の爪先におく。左足を前に送るときも同様である。経行は、以上の様な動作の繰り返しである。そして、一定の距離まで来て戻りたいと思ったら、一時そこに立ち止まり、その姿勢のまま「かく立てり、かく立てり」と認知し、そしてゆっくりと身を廻らせ次のように観念する。「かく廻る、かく廻る」と。廻り終われば、立った姿勢で「かく立てり、かく立てり」

と観念し、前と同じ方法で歩を進める。

十分心が訓練され、定が完成されるまで、それぞれの行が弛《たゆ》みなく続けられ、それが十分熟せば次の段階へと進むことが出来る。

## 第二課　坐禅と経行

### 1　坐禅のとき

①坐禅のとき、三に分けて観ずる
即ち、〝かく入息し、かく出息し、かく坐せり〟と。
②体を凭せかけて坐禅するとき、〝かく入息し、かく出息し、かく寄りかかれり〟と。
③立っているときには、かく立てり、かく立てりとのみ認知する。これは坐から行へ行から坐へなどのときに行なう。
④第一課に述べた様な経行を注意深く二〇分ほど続ける。それから動きを変えて、

次のようにポイントを二点におく。即ち、右足を進めるとき、〝かく右足を挙げ、かく踏む〟と歩を運び、三〇分ほど続ける。

第三課　坐禅は四点、経行は三点を対照

1、坐禅において、ポイントを四点におく。〝かく入息し、かく出息し、かく坐し、かく触す〟と。最後の触の認知には、触れている部分を十円銅貨ほどの大きさに認知する。

2、体を凭れかけながら坐禅するときも、ポイントを四点におく。即ち、〝かく入息し、かく出息す、かく凭《もた》れ、かく触す〟と。

3、立っているときには、〝かく立てり〟とのみ認知する。

4、経行《きんひん》のときには、先ず、第一課、第二課に示される方法で二〇分ぐらいずつ歩く。

次に運動を変えて、動きを三に分けて認知する。

即ち、〝かく足を挙げ、かく進め、かく足を降ろす〟と。

第四課　坐禅は最後の一点に集中、経行は集中的に

1、坐禅するときは、第三課で説かれた様に、四つのポイント、即ち、〝かく入息し、かく出息し、かく坐し、かく触れる〟と認知することに心を集中する。ここでは、最後の触を出息の切れるまで繰り返す。〝かく入息し、かく出息し、かく坐し、かく触す〟と。

2、寄りかかりながら修禅する場合も、前と同様に、〝かく入息し、かく出息し、かく坐し、かく触す〟と認知する。

3、立っているときは、〝かく立てり、かく立てり〟とのみ認知する。

4、経行は、第一課、第二課、第三課に示された方法で、二〇分ぐらいずつ行なう。それから経行の認知を次のように変える。即ち、足の動きを四つのポイントに区分する。〝かく踵を挙げ、かく足を挙げ、かく進め、かく足を降ろす〟

この行を三〇分修す。

## 2　経行のとき

①かく右（左）足を進め……二〇分
②かく右（左）足を挙げ、かく右（左）足を踏み降ろす……二〇分
③かく踵を挙げ、かく進め、かく降ろす……二〇分

第五課　坐禅は〝触〟に集中、経行は細部に意識を集中
1、四ポイント、即ち、〝かく入息し、かく出息し、かく坐し、かく触し〟このうち、触の場合は、出息の息の切れるまで続ける。
①〝かく入息し…乃至…かく触し……この時、触の感触は左の骨盤の上におく。
②……この時、触は右の骨盤の上におく。
③……この時、触は右膝の上におく。
④……この時、触は左膝の上におく。

⑤……この時、触は右足首の上におく。
⑥……この時、触は左足首の上におく。
2、寄りかかって禅をする場合、四点に分けて覚知する。即ち、〃かく入息し、かく出息し、かく寄りかかり、かく触す〃最後の触は前に準ずる。
3、立っているときは、〃かく立てり、かく立てり〃と認知する。
4、経行は、第一、二、三、四課に示された様に、各方法を二〇分ずつ行じ、それから動きを変える。即ち、五つのポイントに分けて認知する。
〃かく踵を挙げ、かく足を挙げ、かく進め、かく降ろし、かく床を踏む〃と、これを二〇分ほど続ける。
①かく歩を進め、　二〇分
②かく足を挙げ、かく足を降ろす……二〇分
③かく足を挙げ、かく足を進め、かく足を降ろす……二〇分
④かく踵を挙げ、かく足を挙げ、かく足を進め、かく足を降ろす……二〇分
⑤かく踵を挙げ、かく足を挙げ、かく足を進め、かく足を降ろし、かく床に触れる

……二〇分

## 第六課　坐禅しているときの覚知の処

1、覚地の処

①かく入息し、かく出息し、かく坐し、かく触す（右方の尾骨にする）。
かく入息し…乃至…かく触す（左方の尾骨に触す）。

かく入息し…乃至…かく触す（この時、触は右膝にする）。

かく入息し…乃至…かく触す（触は左膝にする）。

かく入息し…乃至…かく触す（触は右足首にする）。

かく入息し…乃至…かく触す（触は左足首にする）。

かく入息し…乃至…かく触す（この場合、触は、身体上に生起する種々の触点〈痛、痒など〉にする）。


凭れた姿勢で坐禅を修する場合は、前に〝かく坐し〟とあるのを〝かく凭れ〟と変えて、他は同じである。

立てるときは、〝かく立てり〟と覚知する。

2、経行のときの足の運び方

①〝かく右足を進め、かく左足を進む〟五分

②〝かく足を挙げ、かく足を降ろす〟五分

③〝かく足を挙げ、かく足を進め、かく足を降ろす〟一〇分

④〝かく踵を挙げ、かく足を挙げ、かく足を進め、かく足を降ろす〟一〇分

⑤かく踵を挙げ、かく足を挙げ、かく足を進め、かく足を降ろし、かく床を踏む。かく踵を挙げ、かく足を挙げ、かく足を進め、かく足を降ろし、かく触床す。

## 第七課　一切の動作に心を配る

1、細心の注意をもって前述の課程の経行を行じ、歩行を止めんと欲わば、まず、止めんとする心の動きを覚知する。即ち、〝止まりたい、止まりたい〟と。

止まり終わったなら、〝かく止まれり、かく止まれり〟と認知する。戻りたいと欲うときは、まず、その心を覚知する。即ち、〝戻りたい、戻りたい〟と。

体の向きを変えるため、体を転じているときは〝かく廻る、かく廻る〟と覚知し、希望する所に止まり、直ちにその時の姿勢に心を集中する。〝かく立てり、かく立てり〟と。それから、前に述べた方法で経行を続ける。

2、右あるいは左を見たいと思ったなら、まずそれを覚知する。〝傍を見たい、傍を見たい〟と心に認知して、見ている最中には、〝かく見たり、かく見たり〟と覚知する。

3、跼《かが》みたくなったり、伸びをしたくなったなら、まず、それを認知し、〝跼みたい、跼みたい〟あるいは〝伸びをしたい、伸びをしたい〟と覚知し、跼み、あるいは伸びをしているときは〝かく跼めり〟〝かく伸びをせり〟と覚知する。

4、衣、毛布、鉢、水差し……など、何にあれ手に取りたいと思ったなら、それらを手にする前に、それらを持ちたいと欲する心を覚知して、〝かく見、かく手に執らんと欲す〟と覚知して、次いで、手の動きを覚知して〝かく手を伸ばす〟。対象物に手が触れれば、〝かく触れたり〟。手に執ったなら〝かく手に執れり〟、手に執って自分の方へ持って来るときは〝かく来たり〟と覚知する。

5、食事のとき

食物を手にしたり、噛んだり、呑んだり、飲み込んだりするときは前述の様にする。
①食物を覚知したときは、五官（眼耳鼻舌身）をもって〝かく覚知せり〟と。
②食物を食したいとの欲求が起これば、先ず、その意志を覚知する。〝かく欲す〟と。
③食物に手を差し伸べるときには、その手の動きを覚知して、〝かく手を伸ばす〟
④食物に手が触れれば、その働きを覚知して、〝かく触れたり〟
⑤食物を手に取れば、その動作を覚知して、〝かく握れり〟
⑥食物を取り上げんとするときは〝かく取り上げん〟
⑦食物を食せんと口を開くときには、〝かく口を開かん〟と覚知する。
⑧口に食物が入れば〝かく触せり〟
⑨食物を噛んでいるときは、〝かく噛めり〟
⑩食物を飲み込むときは〝かく飲み込まん〟
⑪食事が終われば、〝かく食し畢《おわ》りぬ〟と。

6、大小便など生理的要求を感じ、便所に行きたいなと思ったなら、まずその考えを覚知し〝かく便所に行きたい〟と思ったなら、まず、その考えを覚知し、〝かく便所に行きたい〟とて糞尿の排出をも覚知しなければならない。即ち、〝かく脱糞、排尿す〟と覚知する。

7、経行《きんひん》、立座、坐臥、睡眠、起床、会話、沈黙等々一挙手一投足の一々を覚知する。

## 第八課　根、境、識について

①物(境)を見るときは、かく見たり(眼根)、と感受する(眼識)。
②声、音声(境)を聴く(耳)、かく聴けり、と覚知する(耳識)。
③臭、香の匂いを嗅ぎ、かく臭いを嗅げりと臭いを覚知する。
④味わっているときは、かく味わいたり、と覚知する。
⑤物に触れたとき、かく触れたり、と覚知する。
⑥思索、思考しているとき、かく考えたり、と覚知す。
六根、六境、六識の関係を明確に覚知することに努める。

## 第九課　禅障碍の対応

1、坐禅の姿勢で出入息を修し、覚知しているとき、もし、痛覚が生じたなら、しばらく修禅を中止し、その苦痛の生じた所に意識を集中し、〝かく苦痛なり、かく痛し〟などと覚知する。もし、苦痛が消除されず、堪え得ぬほどに強烈であれば、痛苦点の追求を止めて、再び、出・入息に意識を戻す。それでも猶、苦痛が消去せず、残存するなら、姿勢を変えて見るのも一方法である。

2、もし、安楽の気分が生じたなら、直ちに其処に意を集中し、〝かく安楽なり〟と覚知する。

3、凭れている姿勢、立っている姿勢でも、もし、楽（快）、苦（不快）あるいはいずれでもない気分が生じたなら、それを覚知する。即ち、〝かく楽なり、かく苦なり、かく両者に非ざるなり〟と。

もし経行中に苦痛が生ずれば、まず、歩を止め、前述の如き方法により、それらを如実に覚知する。

(もし坐禅中に、光、山、水、仏などの幻覚が生起したなら、それを覚知する。即ち、〝かく見たり〟と)

## 第十課　坐禅中止のこと

1、もし、行者が、これ以上坐ることも凭れていることも欲わず、起き上りたいと希うとき、あるいは、行者が物を見、考えて、それらを好まないときは、行者の思惟するところを覚知する。〝かく好まず〟〝かく難ず〟と。

2、もし行者が、行中に睡眠を覚えたら、それを覚知し、〝かく眠りたし……〟と。

3、もし行者が、精神錯乱したときは、それを覚知し、〝かく錯乱せり〟と。

4、もし行者に何らかの疑念が生じたなら、その疑念を覚知し、〝かく疑念せり〟と。

5、もし行者に、貪、瞋、癡、疑念が生じたなら、前例に倣って、それらを覚知し、消滅するまで追求する。

6、もし行者が、経行中に精神錯乱したときには、まず、経行を一時止めて、その想を覚知し、〝かく錯乱せり〟と。錯乱の状態が収まれば、経行を続行する。

## 第十一課　心を追跡

1、もし、心が色声香味触に安んずることが出来れば、五欲（五境に対する執着 kāma-

guṇā）に満足せることを覚知して〝かく満足せり〟と。
2、もし悪意が生じたならそれは難ずるべきであると覚知すべきである。〝かく難ず〟と。
3、もし、心に懈怠、怠堕の状態が生ずれば、それは惛眠（thīnamiddha）なりと覚知する。〝かく睡眠を欲す〟と。
4、もし、心が錯乱し、心配事や悲しみに悩まされるときは、掉挙悪作（uddhaccakukkucca）が生じたと知り、その意識を覚知して〝かく錯乱せり〟と。
5、名色、仮説（paññatti）に疑念が生じたときは、疑念（vicikicchā）と覚知し、〝かく疑念す〟と。

第十二課　心の覚知
1、坐禅に入る前に、行者は、その考えを覚知して、〝かく坐せんことを欲す〟と。それから徐《おもむろ》に静かに坐し、次のように覚知する。〝かく坐しつつあり〟と床に坐するまで続け、第八、九、十課に示された方法で覚知を続けて行く。
2、〝かく入息し、出息し、かく坐せり、かく触せり……〟と覚知し、もし痛覚などが生じたときは、それを覚知する。〝かく苦痛なり〟〝かく痒《かゆ》し〟と。覚知した後も、もし痒みが残り、掻きたいとの想いが生ずれば、その希いを覚知し、〝かく掻きたし〟と。そして、痒い所に手が届けば、〝かく触れたり〟と覚知する。痒みが消失すれば、〝かく消失せり〟と、掻いた手を元に戻すとき、〝かく戻せり〟と。そして、〝かく入息し、かく出息す〟の禅行に還る。

### 第十三課　勝法を求めて

1、行者の心にすでに生起せる勝法は、再び生起せず、未生起の勝法が生起するよう希むようにする。即ち、二十四時間内に勝法を知覚するようにする。この様な希求は何時でも良いが、二十四時間続けて坐禅を続けなければならない。

2、この様な希求をなし終わったなら、先ず、経行をする。それから坐して、出入息の禅観を修す。二十四時間の間にこの両者を交互に行ずる。

### 第十四課　一昼夜生滅法を追う

1、先ず経行を行じ、次に以下の様に修す。
①一時間ごとに希求し、現象の生滅を数回生ぜしめる（少なくとも一時間に五回）。
②もし一時間内に生滅の現象が明瞭かつ頻繁に現われれ、少なくとも一時間に五回、多くて六十五回現われれば、時間を三〇分に短縮する。即ち、三〇分の間に生滅の現象が数回現われる様に希求する。
③同様な方法で希求し、時間を二〇分、一五分、一〇分、五分と減じて行く。五分の間に現象が最高六回、少なくとも二回生ずるよう行ずる。
2、二時間続けて坐って、その坐を起たずに姿勢を変える。
3、二十四時間、座より起たずに姿勢を変えるのみで不断に禅行を続ける。

第十五課　心一境性を求めて

1、まず、細心の注意をもって経行を行じ、坐して五分間で、完全な心一境性（citta-ekaggatā）に達せんことを決意する。
次に、前述の如く、〝かく入息し、かく出息し…乃至…かく触す〟を行ずる。状態が良好で、心一境性が続き、無我の状態に五分間でなったなら、その時間を記録し、もし五分に満たざるときは、五分間持続出来るように努める。

2、前述の行が成就出来れば、次に、一〇分間の無我における心統一を決意する。もし、完成することが出来ないなら一層努力を注ぎ、それらを身に体験出来るまで努める。次第に時間を延長して一五分、二〇分、三〇分、一時間乃至二十四時間まで継続出来るようにする。

3、時間を計る基準は、無我の境における心一境のときからである。このような無我の境において、行者は、如何なる感覚も失い、恰も眠れるが如き状態に陥るが眠りとは全く別種のものである。心一境性がある時点まで継続されれば、恰も眠りから覚める様に自ら覚醒する。しかし、日常の眠りからの目覚めとは全く別である。

## 第十六課　再度修禅を望む者

Vipassanā 禅を体験し、再び行じたいと望む者は、次のような特殊な方法で行ずる。

1、第一の修行（一日に行ずる）

①先ず、経行を行じ、坐せる姿勢で、この坐禅の行中に、生滅の過程が心身両者に明瞭に生起せしめることを決意する。〝かく入息し、かく出息し、かく触す〞と一時間続ける。この一連の行を修している間に、行者は前よりもより明瞭に心、身の生滅の法を体解するようになる。この内観智はudyabbayañāṇaと呼ばれる。

②二時間目には、この時間中に滅のみが心身に現ずることを念じて〝かく入息し…乃至…かく触す〞と一時間続ける。その禅行の間に、身・心に滅のみが現ずる。即ち、滅が以前よりも一層明瞭に現起する。この内観智をbhangañāṇa（壊智）と呼ぶ。

2、第二の修行（一日に行ずる）

①先ず経行を行じ、座に着き、この時、怖畏智の生ぜんことを念じ、〝かく入息し…乃至…かく触す〞と一時間行ずる。この禅行を修すうちに怖畏が生じてくる。この内観智を怖畏智（bhayañāṇa）と呼ぶ。

②二時間目には、この時間内に苦智の生ぜんことを念じ〝かく入息し…乃至…かく触す〞と一時間行ずる。この坐禅中に、心身に内在する苦悩が生起する。例えば、苦痛、痒み、断滅、苦悩、無我など、この内観智を苦智（ādīnavañāṇa）と呼ぶ。

③三時間目には、この時間中に厭離智の生起せんことを念じ〝かく入息し…乃至…かく触す〟と一時間行ずる。この禅行に厭離の情が生起する。即ち、行者の心身に醜悪、苦悩、苦痛、不快などの情が生起する。この内観智を厭離智(nibbindāñāṇa)と称する。

3、第三の修行（一日に行ずる）

1　先ず経行を行ずる。

①経行を行ずる。座に着き、この時、欲界から脱せんことを念じ〝かく入息し…乃至…かく触せり〟を一時間行ず。この行中に、隠遁、輪廻からの離脱の想が生起する。これを欲解脱智（muñcitukamyatāñāṇa）と称する。

②第二時間目には、この時間中に、省察智の生起せんことを念じ〝かく入息し…乃至…かく触す〟の禅行を一時間行ずる。この行中に、心身内に平静、平穏な想が生起する。この内観智を省察智（paṭisaṅkhāñāṇa）と称する。

以上のように行ぜられる内観智の功徳は、以下に示される。

[1]人びとをして最勝法（paramatthadhamma）に精通せしめるためであり、人びとを惑わすためでもなく、単なる現世利益（lokasammati）という概念に固執するため

でもない。
[2]人びとを涵養し良き道徳を持たしめる。
[3]人びとに、博愛、隣人愛を持たしめ、他の喜びを共に喜び合う。
[4]人びとが互いに搾取し合ったり、不公平であったりすることを防止する。
[5]人びとに自身の何たるかを知らしめ、如何に自身を律すべきかを教える。即ち、自己を正しく理解し、如何に自己を導き管理し、支配するかを知らしめる。
[6]憍慢と虚栄を捨て、役に立つ人にする。
[7]人びとに和を与え、傲慢を除去する。
[8]人びとに感謝報恩の念を懐かしめる。
[9]人びとを比丘生活に誘う。法のかかる実践は次のように分類される。

a　五蓋（pañca nīvaraṇāni）

貪欲蓋（kāmacchanda nīvaraṇa）貪り
瞋恚蓋（abhijjhāvyāpāda nīvaraṇa）怒り
惛眠蓋（thīnamiddha nīvaraṇa）鈍重

掉悔蓋（uddhacca-kukkucca nīvaraṇa）思い悩む
疑蓋（vicikicchā nīvaraṇa）教えに対する疑惑
などの五つの心を覆い善法を生じせしめない煩悩を断ずる。

b　五欲（pañca kāmaguṇā）
眼所識の色（cakkhuviññeyya-rūpa）
耳所識の声（sotaviññeyya-sadda）
鼻所識の香（ghānaviññeyya-gandhā）
舌所識の味（jivhāviññeyya-rasa）
身所識の触（kāyaviññeyya-phoṭṭhabba）
を離れることが出来る。

c　五取蘊（pañca-upādānakkhandha）
色取蘊（rūpa-upādānakkhandha）
受取蘊（vedana-upādānakkhandha）
想取蘊（saññā-upādānakkhandha）

行取蘊（saṅkhāra-upādānakkhandha）

識取蘊（viññāṇa-upādānakkhandha）

の支配から離脱し解放される。

d　五の障礙から解脱する。即ち、

有身見（sakkāya diṭṭhi）

疑（vicikicchā）

戒禁取（sīlabbata）

欲（kāmachanda）

老苦（vayāpadā）

から解脱する。

e　五趣（pañcagati）即ち、

地獄（naraka）

餓鬼（peta）

畜生（tiracchāna）

人（manussa）

天（deva）

から解脱する。

f　五種の吝嗇《りんしょく》から離脱する。即ち、

住における吝嗇

親属に対する吝嗇

幸運に対する吝嗇

社会的地位に対する吝嗇

法における吝嗇

g　五種の高度の障礙から離脱する。即ち、

色貪（rūparāga）

無色貪（arūparāga）

憍慢

精神錯乱

無知、を離れる。

h　心の荒廃から離脱する。即ち、

仏・法・僧の三宝に疑念を抱き、和合僧を破し、分派を創設するなどを考えない。

i　心の束縛を離れる。即ち、

感覚的な欲楽、渇愛、煩悩、情欲、性欲、同様に食欲、睡眠欲、生天のための慈善などを離れる。

j　涅槃に到らんがため、苦悩、悲歎より解脱する。

k　最高の福益は阿羅漢果を成就することである。それ以下の果は、不還果（anāgāmim phala）、一来果（sakadāgāmin）、預流果（sotāpanna phala）、それより更に低い所は、法に叶った公正な道に沿って求むべき最終の境を有する人である。

実に、Vipassanā 禅を具足する智は、仏陀の教えの中においてよく自己を成就し確立し jūlasatapañña と呼ばれる。

また、内観禅を修し、身心共に生滅法を体解せる瑜伽行者は、

「縁起の法を見ずして百年の長きを生きるよりも、如実に縁起の法に触れて一日だけ

でも生きる人の方が優れている」（『法句経』一一三）といわれる。

托鉢帰りの沙弥（バンコク）

# 十一　内観禅の成就

どれほどの間、内観禅を修せば成就するだろうか。と自問し、『大念処経』（南伝七・長部二、三六二頁）と『念処経』（南伝九・中部一、一〇〇頁）によって次のように述べる。

もし、修習が一日、一五日、一ヶ月、二、三、四、五、六、七ヶ月、あるいは、一、二、三、四、五、六、七ヶ年続けて修習するなら、その人の以前に行なった修習の結果の強弱に応じて成就する、と。

以前に、大いなる結果を有するものは、朝に修さば夕べには成就が見られる。夕方に修習すれば翌朝には成就する。

朝に修し夕刻に勝法に到り
夕べに修し明朝《あした》には勝法に到る。

は、智鋭利の人が、過去の大いなる果によって得られることを意味する。

＝Vipassanā kammaṭṭhāna の説明はここで終わる＝

## 十二　むすび

前述の講義に従い、一九五八年六月四日、ミャンマーに来て丸一年を経、雨季を迎え、三ヶ月の安居に入る頃、大学も休みになるので、懸案の Vipassanā kammaṭṭhāna を修すことにした。

この禅は、Aggamahāpaṇḍita bhadanta sobhaṇa Mahā-Sī thera によって整えられたものである。この禅のテキストを入手し、読んで修禅に備えた。

Dhammadhūta College で律の講義を受け、個人的に『Mahāparinibbāna suttanta』の講義を受けた Ū Ñanuttara Mahāthera の紹介で「Buddhasāsana Meditation Centre」に入ることになった。彼は Vipassanā kammatan の阿闍梨でもあったので禅の内容や修法について質問を重ねた。

Meditation Centre はヤンゴン市外の椰子や棕侶の木などの樹々に囲まれた静穏な所であった。人声もなく音のない緊張した雰囲気に包まれていた。

禅堂は略図（次頁）の通りである。

荷物といっても三衣を突っ込んだ頭陀袋と鉄鉢だけである。最初、長屋の一室を与えられた。

部屋に入る前に、センター長であるMahā-Sī Mahātheraに、入堂のご挨拶に伺った。度の強い眼鏡越しの鋭い目差しの中に、危惧の念の走るのが見られた。異国の学生が、大丈夫かなとの思いだったのだろう。

帰り道、指導室で、最も初歩的な坐法と呼吸法を教わった。坐法は、結跏趺坐が原則だが、人によって坐りやすい法でよろしいということであった。呼吸は横隔膜の上下を伴う入息（rising）と出息（falling）とに意を集中させること、挙措動作を緩やかに、常に意識下におくことを教示された。

雨期のはじまりを告げる空は一面雲に掩われ、湿度の高い空気を掻き分けるようにして小さな部屋に入る。コンクリート張りの床をもった二メートル×三メートルばかりの小部屋で、竹で編んだ茣蓙《ござ》の敷布団とシーツの上に枕がおかれた寝台と物入れの函が一箇おかれている、簡素極まりない殺風景な部屋であった。

Buddhasāsana Meditation Centre
禅堂略図

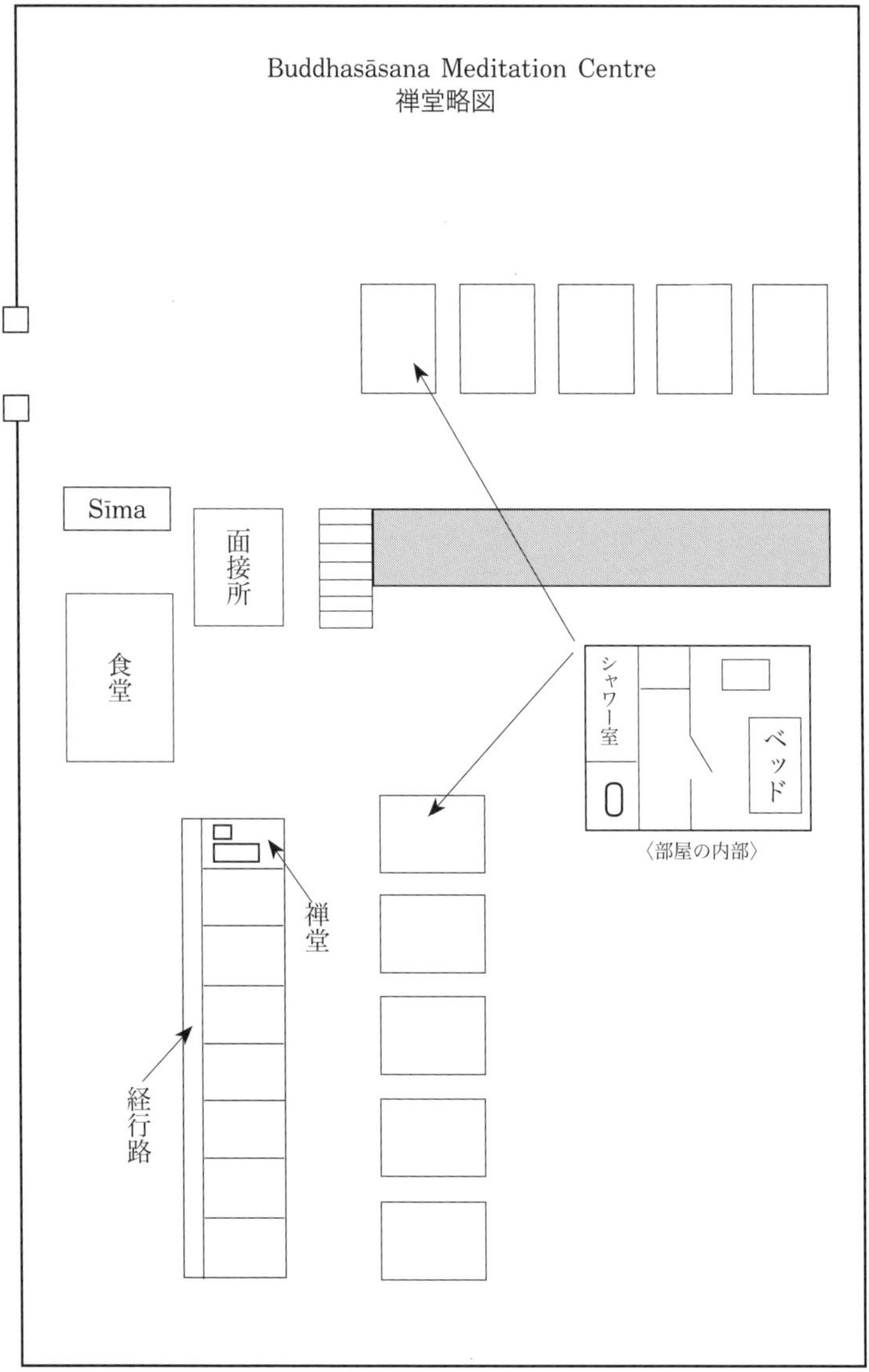

まわりは、しんとして人の気配すら感じられなかった。恰好な餌食とばかり襲いかかる蚊の襲撃に坐禅どころではなかった。比丘になりたての頃、何時ものように無造作に手が出て、蚊を叩いて、囲りの比丘たちの無言の顰《ひん》蹙《しゅく》を買ったことがあり、以来気を付けて来た。坐禅に専念するどころではない、早々に蚊帳を降ろし、坐禅を続けた。蚊の襲来を防いだが、次に襲って来たのが南京虫である。

坐禅にも専心出来ず、夜長を過ごした。

翌朝、カピア（寺男）を呼んで事情を話し、善処方を依頼したが、不殺生第一の比丘の思いもよらぬ言葉に納得出来ない様なので、部屋の清掃と寝具の日干しを頼んだ。

雨漏りのする小部屋で修禅二週間。一戸建ての禅堂に移った。広く快適な環境で修禅に励むことが出来た。

修禅時の種々の身体的、心理的な変化は、克明に記録《メモ》しておいたが、飽くまでも個人的な体験で他者との共有・理解は無理なので、その詳細については割愛したいと思う。

先学の「修して之《これ》を知れ」の言のとおりである。

Kammaṭṭhāna Ācariya から、最後の追い込みだから不眠不休で修禅するよう指示され、二日二晩不休不眠で修禅に努めたが、三日目の朝、食堂に行くため表に出た途端、目眩をおこし、禅の修行を断念したのである。

その一年後、タイ国バンコク市のWat Mahādhātuという僧院で、ミャンマーで修したVipassanā kammaṭṭhānaをPra Udonviññāna長老のもとで修していた。大講堂の窓に沿って造られた小さな禅室の中でミャンマーで修した禅の続きを行じた。学問寺としても知られているWat Mahādhātuは環境もよく、修禅のため冷房した部屋まで用意してあった。

Pra Udonviññāna長老の許で一ヶ月修禅に努めた。samatha（止）は一応完成したので、これ以上のVipassanā（観）は自覚、自悟の境界で伝達不能であるから、後は自分で工夫して得るように努めなさい、ということであった。

samathaは、出入息など自身に関わる諸の事象を対象とした修法で、色、声、香、味、触が対照となり、自他一体の寂静の境界に入ることであった。自分を無《な》みし、自他無別の一境地に入ることである。

バンコク　暁の寺院（Wat Arun）

即ち、この境地は、釈尊が深い冥想に入り傍らを通り過ぎる五百台の馬車の音も、空駆ける稲妻の光も音も全く意識に入って来なかった。その深い冥想に入ることである。

Vipassanā kammaṭṭhāna はこの延長上にあり、その手法で「法」を観ずるのである。四諦（苦・集・滅・道）、八正道、三毒（貪・瞋・癡）、有・無、常・無常、我・無我など、あるいはこれら一切を動かす縁起の法などを観じ新たなる世界を拓くのである。その内実は自覚、自悟の世界であるから言を離れ語言を越えており、言語化するや本質は霧散して仕舞うのである。釈尊が「悟り」の内実を言葉にされることを躊躇されたのもこの辺りにあったのではなかろうか。鹿野苑で自らの悟りを説かれたとき、途上ウパカへの説法を失敗しておりKoṇḍaññaが悟ったと知られたとき、釈尊の喜びは大きかった。悟りの内実の伝達可能なることが明らかになったのである。後世の維摩詰(Vimalakīrti)の「一黙」にも通ずるものがあるように見受けられるのである。沈黙も意志表示の一として我々に投げかけられた問いでもあろうか。

この問いに対し応えるべく日夜精進せよ、というのが釈尊の教えなのであろう。仏陀伽耶における釈尊最初の定、そしてクシナガラにおいて般涅槃時の定も同じであったろう。

釈尊は、Uddaka Rāmaputtaについて世間最高の天の非想非非想処定（nevasaññā-nāsaññā-āyatana）に入られた。それを捨てられて六年の苦行を経て中道に立ち出世間定を得られた。即ち、nibbāna（涅槃）である。有余依涅槃に住されクシナガラにおいて八十歳を一期に般涅槃（parinibbāna）された。無余依涅槃である。

釈尊が出世間定、滅尽定に入られる前に住された世間定の最高の非想非非想処定は、今日上座部仏教に云うsamatha定であろう。釈尊の「定」に従えば、この後に世間を越えた出世間定による解脱があるのである。

このVipassanā kammaṭṭhānaを通じて、短時間ではあるが、釈尊の得られた境涯に入ることが出来ると主張するのである。

空海は『十住心論』『秘蔵宝鑰』（抜業因種心、縁覚）に、縁覚への道として奢摩多（samatha）、毘鉢舎那（vipassanā）のあることを認めている。

samatha禅は上座部仏教国ではよく修されているようである。ミャンマーで乞食旅行したとき、samatha禅がよく話題にされた。僧侶三千を擁するバンコクのワット・パクナム寺院でも、前世・来世を知る禅として人気がありよく奨められた。

ミャンマーでの乞食旅行の折、パガンを訪れ近くのミンジャンに立ち寄ったときの様子を『ミャンマー乞食旅行』（一〇七～一一〇頁、ノンブル社、二〇〇二年）より抜粋しておこう。

「夕方、ウ・ジョウティカ比丘の案内で阿羅漢果《あらかんか》（悟った人）を得た比丘の木乃伊《ミイラ》の祠《まつ》ってある僧院を訪れた。僧院は、集落を離れた乾いた畑の中に孤立していた。その傍らに、カバエイの平和パゴダに似た、小ぶりなパゴダが建ち、木乃伊はそこに安置されていた。

木乃伊として祠られている阿羅漢比丘は、ゾンロンカマタン（Sulun-kammaṭṭhāna瞑想法の一種）の創始者であり、高徳の比丘だったという。

ゾンロンカマタンは、ヤンゴン郊外に新設されたオカラバの僧院で、一度だけ経験したことがある。興味本位で訪れたのであったが奨《すす》められて実修することになったのである。

一部屋に五十人程の参禅者が、座布《ざふ》の上に安坐し、まず手巾《しゅきん》を膝の上に拡げておくことが指示された。修禅なのにと不審に思いながら指示に従う。

次いで、「鼻だけで、力の限り呼吸しなさい」という指示が出た。

禅の指導者の合図で、一斉《いっせい》に鼻だけの呼吸がはじまった。満堂は呼吸音で耳を聾《ろう》するばかりである。呼吸をはじめると、最初眩暈《めまい》に襲われ、頭の芯《しん》が痺《しび》れる。同時に、洟水《はなみず》が、呼吸ごとにとめどなく流れ出し、こんなにも洟水が出るものかと驚かされる。手巾《しゅきん》を膝に拡げておく理由が判った。洟水は手巾の上に糸を引きながら流れ落ち、汗は、だくとして滞ることを知らない。

汗が目に入って、目を開けておれない。目を閉じ、一心に鼻呼吸に専念する。全身、

汗と洟水にまみれ、疲労の極に達する頃、三十分程経過したろうか、

「呼吸やめ」

の指示が飛び、そのままの姿勢で、無想境に入ることが指示された。

暑さと疲労と頭の痺れで、思考は停止してしまっていた。

部内は、寂として音もなく、時は過ぎる。三十分程して、

「終わり」

の声がした。やれやれと思って、眼を開けて見ると、手巾には洟水《はなみず》が溜《た》まり、鼻から口にかけて、顔中乾いた洟水で固まっていた。互いに顔を見合わせ苦笑する。

参禅の後は、心身ともに爽快であった。しかし、これが、仏教の修行とどう結びつくのかは、一度限りの参禅では知ることが出来なかった。

木乃伊《ミイラ》は、そのゾンロン禅の創始者である。参詣者は多く、かなり遠くから来る人もいる。ミャンマーでは有名なのであろう。

僧院の長老に挨拶に伺うと、扉を開けて、直接木乃伊を拝ませてくれた。

黄衣をつけ、仰臥《ぎょうが》する木乃伊は、五体満足の完全なもので、よく見ると、髪も爪

も伸びて、生命力の凄《すさま》じさを示しているようだった。肌は、チョコレート色で、触れて見ると、番傘の油紙のような感触であった。

腹部が極端に落ちこんで、上にかけられた外衣に黒く油が滲《にじ》み出ていた。死臭とでも言うのだろうか、えもいわれぬ嫌《いや》な臭《にお》いが鼻を衝《つ》く。体の内にまだ魂が宿っているような思いに駆りたてられるのであった。

「雨季もあり、こんな暑いところで、よく木乃伊になったものだ、不思議だ」

というと、

「彼は、阿羅漢果《あらかんか》を得たから」

と、僧院長は、重々しく答え、馬鹿なことを訊《き》くな、といった顔だった」

旅の先々で samatha 禅を修している多くの僧院を見かけた。

# II

# 密教における観法

# 一　密教への傾斜

## 1　上座部仏教と咒

密教形成の要素として mudrā（印）、maṇḍala（曼荼羅）、vidyā（明）と並んで mantra（真言）がある。mantra は吠陀《ヴェーダ》時代にも神々を讃え勧請する神秘的な働きを有する句として重要な役割を果たした。仏教は、智的、合理的な宗教として知られ、咒の類は排除されたといわれる。しかし、場所がインドであり、仏教を取り巻く文化土壌として明咒の類が濃密に存し、仏教に多大な影響を及ぼしたことは当然であったろう。

釈尊は、最後の遺誡として「自灯明　法灯明」を遺された。それらからも知られる様に、釈尊は、解脱を自己の内なる世界に求められた。吠陀の権威を否定し、同時に、その宗教儀礼も拒否された。そして仏教教団内では、神通、神変、明咒の使用を禁じられた。

例えば、『律蔵小品』の「小事犍度」（南伝四、一七〇頁）に、

「王舍城で、ある長者が栴檀木の鉢を作り、高い竿に揚げて、神通・神変力をもっ

て取れる者に、これを与えるとの旨を約した。これに対して、六師外道のPūrana Kassapa, Makkhali Gosāla（Ājīvika), Ajita Kesakambala, Pakudha Kaccāyana, Sañjaya Belaṭṭhiputta, Nigaṇṭha Nātaputta らが挑戦したがいずれも失敗した」とあり。その時、Piṇḍola Bhāradvāja（賓頭盧）が、神通力をもって空中に騰《のぼ》り鉢を取って王舎城の上空を三度廻った。人々は賓頭盧の通力を称讃した。釈尊はそれを知り、彼を呵責して、卑しき鉢のために在家人に上人法神通神変を示現したことを難じ、悪作に堕すと誡められた。釈尊はその鉢を砕き粉末として眼薬を作られた。その故をもって賓頭盧は眼病の阿羅漢として人々に尊崇された。本邦でも、本堂の隅に賓頭盧が祀られ親しまれている。以後、僧伽では木鉢の使用は禁じられた。

釈尊により神変、神通は禁じられたが、この事件を通じて、六師外道に対して仏教の優性を主張した様にも思えるのである。確かに安易な使用は禁止されたが、神通、神変の存在は否定されてはいない。当時、優れた宗教者に付随する優れた能力の一として容認されていたと思われる。

釈尊自身についても、初転法輪の鹿野苑から王舎城への途上、ウルヴェーラー（Uruvelā)

で事火外道の三兄弟をその弟子と共に帰依せしめたのは、神変によるものであった。その後、釈尊は、種々の神変を示されて教化の道を拓かれたが、これは、歴史的事実というよりは、むしろ釈尊の伝説に含まれる神話的要素の表現と思われる。また、優れた宗教者の事跡に対する宗教的表現とも見られる。

釈尊は、蛇の害から身を護るための自護呪を許しておられる（『律蔵小品』「小事犍度」南伝四、一六八頁）。これと殆ど内容を等しくするものが増支部経典に存する。この蛇頌と関係する律典、経典として『密教の歴史』（松長有慶）に詳しい。これらは、インドの伝承、説話を素材として形成されたものとの見解を示されている。

これらの護呪は paritta pāḷi と呼ばれ、今日、南方上座部仏教諸国では三帰依文と併せて日常勤行に用いられている。ミャンマーの僧伽において日常用いられる護呪は、二十九種あり、それぞれ曜日に振り分けられている。

日曜日　『Maṅgala sutta（吉祥経）』
月曜日　『Ratana sutta（宝経）』
火曜日　『Metta sutta（慈経）』

水曜日　『Khanda sutta（犍度）』
　　　　『Mora sutta（孔雀経）』
　　　　『Vaṭṭa sutta（鶉経）』
木曜日　『Dhajagga sutta（幢頂経）』
金曜日　『Āṭānaṭiya sutta（阿吒曩胝経）』
土曜日　『Aṅgulimāla sutta（鴦掘摩経）』
　　　　『Bojjhaṅga sutta（覚支経）』
　　　　『Pubbaṇha sutta（晨朝経）』

今日、日常行なわれているこれらの咒経は、仏教内部から発生したものでなく、仏教成立の土壌である当時の社会に存したこれらの咒を無下に断ずることなく、修行の障りにならぬ限り、仏教に導く方便として、対他関係において容認されたものであろう。

## 2　部派仏教における咒蔵

部派仏教において、明咒は独自の地位を与えられ、別に咒蔵を形成するに至った。

『大唐西域記』第九、摩竭陀国の段に「大迦葉を中心とする結集に参加しなかった者たちが改めて結集をした。これが大衆部のはじまりである」と述べ、そこに素呾纜蔵《そたらんぞう》（経蔵）、毘奈耶蔵《びなや》（律蔵）、阿毘達磨蔵《あびだつま》（論蔵）、雑集蔵、梵咒蔵の五蔵を立てたとしている（大正五一・九二三a）。これが大衆部の五蔵といわれるものである。

『大乗法苑義林章』諸蔵章（大正四五・二七一b）に、「犢子部《とくしぶ》に経、律、論、明咒の四蔵あり」とし、この蔵中に諸の咒を集するが故に、過、現、未、無為、不可説、の五種の法蔵あり、とする。

「法蔵部に五蔵あり」という。経、律、論、雑、菩薩の五である。

「成実論中に五蔵あり」と説き、経、律、論、雑、菩薩の五蔵を立てる。

北伝の分派を示す『異部宗輪論』（世友造、玄奘訳、大正№二〇三一）によれば、大衆部は、仏滅後一〇〇年頃に成立しているから、その頃には、咒が仏教内部で独立するほどの広がりをもっていたと思われる。

上座部より派生した犢子部は、仏滅（紀元前三八六）後三〇〇年、また、化地部《けじぶ》から出た法蔵部もほぼ同年代であるが、それぞれ独立した明呪蔵を有していたのである。仏教において否定されて来た明呪が部派仏教時代には着実にその勢力を増大し、仏教内部にその独自の位置を確立していったのである。

しかし、今日の上座部仏教（Thera vādin）諸国では、全くその様な形跡を見ることは出来ない。

### 3　大乗仏教における諸呪

讃否両論の間に行なわれて来た諸呪は、部派仏教時代には、独立せる蔵を形成するほどになり、これが大乗仏教に至ると、最も早い時期に成立した『般若経』で、これらの明呪に対し、その宗教的機能を高く評価しているのである。『般若経』では、般若波羅蜜の智慧が大神呪（mahā-mantra）、大明呪（mahā-vidyā-mantra）、無上呪（anuttara-mantra）であると積極的に肯定的な立場を表明しているのである。

龍樹（一五〇～二五〇）の『大智度論』巻第五十八には、「般若波羅蜜は是れ大明呪、無上明呪、無等等明呪である。何故なら、世尊、是れ般若波羅蜜は一切の不善法を除き一切の善法を能く与え」（大正二五・四六八b）三世の諸仏もこの明咒により無上菩提を得る故であると述べ、明咒が無上菩提に至るための大きな力を有つものとして説かれている。また『同論』（同四六九b）に、外道の咒術は、衆生の欲望を満たす故に人々はそれを尊重する。しかし般若波羅蜜の咒は、諸々の執着を滅して仏智を得さしめる、故に、同じ咒であっても仏教の咒は大であり無上であり無等等である、と述べる。

ここに、外道の咒と仏教の咒の相違を明らかにし、成菩提のための神秘的威力を咒に認め期待しているのである。

『密教発達史』（大村西崖）は、四・五・六世紀の訳経者五十余名を出し、その訳経の内実を検じ、密教への傾斜を指摘している。

六世紀になると、作壇法、結界法、画像法、入道場作法などの諸軌則が整備された護摩法を説く『牟梨曼陀羅咒経』（大正№一〇〇七）などが訳出された。これら密咒、陀羅尼などを含む諸経典を生んだインド仏教に、密教が独立して存したかどうか。

五世紀初頭（三七七〜四一三）に入竺した法顕の『仏国記』（大正五一・八五七）や、六世紀初頭入竺した宋雲・恵生の『使西域記』（大正五一・八六六）、あるいは六二七〜六四五年の間インドを巡った玄奘の『大唐西域記』（大正五一・八六七）などには、インドにおける密教に関する記述は残されていない。しかし、玄奘より二十六年遅れて六七一～六九五年の二十五年間天竺にあり、Nalandā 寺に学んだ義浄（六三五～七一三）の『西域求法高僧伝』（大正五一・二）に密教の存在が初めて記されたのである。そして義浄は自ら密壇に登りその精要を学ぼうとしたが遂に成就しなかった旨を述べている（『大唐西域求法高僧伝』巻下、道琳伝、大正五一・七a）。

また、義浄と同じころ入竺している無行禅師は義浄らと共に仏跡を巡り、『大日経』梵本を中国に送り、且つ、彼は手紙に「近ごろ真言教法あり、国を挙げて崇仰す」（南荊州沙門無行在天竺国『入唐新求聖教目録』円仁撰、大正五五・一〇七八b）と述べている。これらの点から、インドにおいて密教が盛行を見たのは、玄奘帰国後から義浄入竺の間、即ち七世紀中葉のころからと推測されている。しかし、玄奘の求めるところは唯識思想にあり、密教には意を払わなかったので、玄奘以前から密教は行なわれていたと主張する学者もいる。

この頃、ナーランダー寺は密教化が進んでいたと思われる。それと呼応するかのように東インドに興ったパーラ王朝の外護のもとにVikramaśīla寺、Odhantapuri寺、Somapuri寺などが栄え、インド密教の終焉を飾った。

六一八年に唐朝が確立し、第七代玄宗（七一二〜七五六）の時代になって、中国に正純密教を齎した善無畏（Abhayākarasiṅha, 六三七〜七三五）、金剛智（Vajrabodhi, 六七一〜七四二）の二人が、陸路、海路から来唐している。この頃から、中国に『大日経』『金剛頂経』を軸とする正純密教が確立されたのである。同時に、雑部密教（kriyā tantra）として纏められた諸経軌は後の密教の下部構造とし、あるいは先駆思想とされた。真言宗では、密教の相承系譜として付法、伝持の二を立てる。

付法八祖は、

大日如来—金剛薩埵—龍猛—龍智—金剛智—不空—恵果—空海

であり、伝持八祖は、超歴史的な大日如来と金剛薩埵を除き、善無畏と一行を加えて、

龍猛—龍智—金剛智—不空—善無畏—一行—恵果—空海

としている。これをもって両部不二の相承を伝えているのである。最初の龍猛菩薩は、金剛薩埵より南天鉄塔において両部大経を親授されたことに密教流布の端緒があるとする。

南天鉄塔は、今日の南インド、Amaravatī の大塔に比定されているが、しかし、今日、多くは事塔説を執らず理塔説にしたがっている。また、ここに云う龍猛菩薩（Nāgārjuna）は、中観派で名高い龍樹と同一人であるか否か問題があり、今日では複数の龍樹が認められている。

真言宗では、大日如来を中心とする思想体系をもって正純密教の成立と見るので『大日経』『金剛頂経』の成立をもって密教の成立とするのである。

南天の鉄塔（レリーフから再現〈模型〉）

## 二　密教における観法

### 1　『金剛頂経』における観法

インドの他の宗教と同じく、仏教は、単なる哲理、思想の攻究に終始せず、机上の知的作業に終わらない。聴いたことを体認するための修(三慧)が不可欠となる。修(bhāvanā)は繰り返し修行し最高の智慧を得るための禅定である。身心寂静の三昧の境界で、一分の思惟の介入もなく、智を得るのである。一即一切、一切即一の境界に立つことで、不立文字、拈華微笑の境界である。これが瑜伽の境界であり、『金剛頂経』にこの境界が説かれている。

この禅定(瑜伽)をもって極とし、宗とするのは、中国では禅宗である。禅宗はインドの菩提達磨(Bodhidharma)を祖とする。彼は、梁の普通元年(五二〇)中国の広州に到り、面壁九年の禅定によって、梁武帝の外護を得、以後、中国に菩提達磨を始祖とする禅宗として定着していった。

日本に禅宗が伝えられたのは、入宋した道元（一二五三没）によってであり、只管打坐をもって宗とした曹洞宗である。またほぼ同じころの入宋僧栄西によってもたらされた臨済宗である。参禅者は与えられた公案を沈思し迷を断じ捉われの心より自らを解放するのである。また一六五四年（承応三年）来朝の隠元による黄檗宗である。禅宗の興起は覚鑁滅後のことである。

その頃、インドでは、後に、雑部密教と呼ばれる儀軌、軌則、経軌などが中国に訳出され、やがて、善無畏三蔵（六三七〜七三五）がナーランダー寺より入唐（七一三年）し、一行と共に行タントラ（caryā tantra）に属する『大日経』を訳出し、更に、『大日経疏』を講じ、一行がこれを筆受し『大日経疏』を著した。

一行（六八三〜七二七）は、初め、善無畏に遅れ入唐した金剛智（七二〇年洛陽に入る）に師事していた。

したがって彼は金剛頂経系の思想も大日経系の思想も学んでいたが、若くして夭折して仕舞った。中国・日本の密教には大きな損失といわねばならない。

中国密教の軸となった不空三蔵（七〇五〜七七四）は金剛智につかえ終生変わらなかった。

不空は、義浄（六三五～七一三）によって密教の律典とされた根本説一切有部律にしたがって石の戒壇で具足戒を受けた。

金剛智、不空らによる金剛頂系の密教（瑜伽怛特羅）と善無畏、一行による胎蔵法系の密教（行怛特羅）が恵果和上のころには金胎両部として流行した。その頃入唐した空海は恵果に師事し、両部大経を学び、入壇灌頂し、伝法大会の壇に登り、阿闍梨位を得た。恵果の滅を機に帰国した空海は、『御請来目録』を上呈し、請来せる経軌、曼荼羅、祖師方の肖像画、密器などを報告している。

『御請来目録』によれば、

新訳等の経都て一百四十二部、二百四十七巻
梵字真言讃等都て四十二部、四十四巻
論疏章等都て三十二部、一百七十巻
已上三種惣て二百一十六部　四百六十一巻

と、個人の請来本の数としては極めて多いといわねばならない。

空海が請来した経軌類は、『開元釈教録』（智昇撰、七三〇）や『貞元録』（円照撰、

七四四）所載の順にしたがって（一部含まれないものもあるが）『御請来目録』に記載されている。これは、組織的で大掛りな写経蒐集であったことを示しているように思われる。当時中国に将来され訳出された諸の新訳経典を主として請来されておられる。

空海の経論蒐集は限りなく、『性霊集』の『越州の節度使に与えて内外の経書を求むる啓』に、『……今、見に長安城の中において写し得る所の経論疏等凡て三百余軸、及び大悲胎蔵・金剛界等の大曼荼羅の尊容、力を竭《つく》し財を涸《つく》して趁《もと》め逐《お》って図画せり。しかれども人は劣に教は広うして、未だ一毫をも抜かず。衣鉢竭《つ》き尽《つ》きて人を雇うこと能わず。食寝を忘れて書写に労す。日車《じっしゃ》返り難うして忽《たちまち》に発期迫れり。心の憂い誰に向ってか紛《いきどおり》を解かん』（弘全十・四五七）とあり、全てを経論蒐集にあてていたことが知られる。

空海は自らの事ばかりでなく同行の橘逸勢《たちばなのはやなり》のため『橘学生本国の使に与うるがための啓』に「……日月荏苒《じんぜん》として資生都て尽きぬ。この国の給う所の衣糧僅かにもって命を続ぐ。束修読書の用に足らず。たとい、専ら微生が信を守るとも、あに廿年の期を待たんや……」と述べ、学資の不足を訴え共に帰国することを願い出ているのである。これは空海の心情でもあったろう。

師恵果和上の助言と彼の滅によって、あるいは『空海の研究』（櫛田良洪）が指摘する経済的事情によって、在唐僅か二十五ヶ月で帰国の途に就かれた。空海は恵果和上の碑文を撰し筆を振ったことは、文と筆とを誇りにし大事にする中国においては稀有なることと云えるだろう。空海は五筆和尚としても知られているのである。唐より帰国された年、大同元年（八〇六）には、早々に『御請来目録』を上表された。これは請来された経録である。その時、恵果和上に従って両部の灌頂と伝法灌頂を受けられ、伝灯大阿闍梨位に登られたことも併せ奏上されたであろう。

帰国一年後には空海が密教に傾斜していく緒となった『大日経』との邂逅のあった久米寺において『大日経』を第一に講ずるなど、密教の法幢を掲げ、弘仁三年（八一二）には、最澄に密教所伝の灌頂の日本開壇第一の栄は譲られたが、高雄山寺に、金剛界、胎蔵法の灌頂壇を開くなど徐々に密教の教線を伸ばしていった。

弘仁十四年（八二三）には『真言宗所学経律論目録（三学録）』を出し、真言宗必須の書、枢要の書を纏め示した。『即身成仏義』もこの頃の作とされている。

真言宗徒の学すべき書として『金剛頂瑜伽真実大教王経』（三巻、不空訳）『大毘盧遮那経』（七巻、善無畏・一行訳）の両部の大経をはじめとする経二百巻、梵字真言讃等四十巻、律百七十五巻、論十一巻を挙げている。

その内実は、

金剛頂宗経　六二部（瑜伽タントラ系）

胎蔵宗経　七部（行タントラ系）

雑部真言経等六四部（作タントラ系）

梵字真言讃等四〇巻

律（根本説一切有部律）一五部

論（『菩提心論』『釈摩訶衍論』）二部

を挙げている。このような経軌の分類は、中国・日本においてかつてなかった。『御請来目録』には、この様な分類は見られない。これら諸経軌の分類は、当時インドに行なわれていたタントラの分類に酷似している。むしろインドにおけるタントラの分類にしたがっていると見た方が好いだろう。即ち、行者の外行である威儀作法、儀軌、軌則を説く作タントラ（kriyā tantra）、行者の心内の瑜伽を中心に説くのが瑜伽タントラ（yoga tantra）である。しかし瑜伽タントラにも外行が付随し、外行を主とする作タントラに内瑜伽が付随する。この両者を充足するのが行タントラ（caryā tantra）である。インドにはこの他に大瑜伽タントラ（mahāyoga tantra）、無上瑜伽タントラ（anuttarayoga tantra）などがあるが、中国未伝の故にここには登場されない。

以上の様な分類は、当時、入唐していた般若三蔵の指導、助言によるものと思われる。般若三蔵（七三四〜八〇六）は、カシミールの人で、具足戒を受け、ナーランダー寺で大乗仏教を学び、後、南インドに密教の隆盛なるを聞き、南インドに赴き瑜伽タントラを修した。中国に遊化せんと欲っても船便を得ず、南国諸島を遍歴した。便を得て、徳宗のとき（建中二年〈七八一〉）に広州を経て長安に入った。そして『貞元釈教目録』などで知られる円照らと共に西明寺において訳経に従事した。

空海は、遣唐使藤原葛野麻呂を見送り、西明寺に住された。その時、空海は西明寺において般若三蔵に遇ったものであろう。そして般若三蔵からインドの仏教事情、特に密教（タントラ）更にはサンスクリット語について多くを学び、示唆を得られたに相違ないと思われるのである。そして三ヶ月後の六月、密教の正統を恵果和上に稟け、今日、付法、伝持の八祖の一に数えられている。

律に関しては、二度も入竺し、二十五年の長きをインドに過ごした義浄三蔵（六三五〜七一三）は第二回目のとき、ナーランダー寺において、密教を学し、自ら密壇に登ったが、成就しなかった。彼は、密教所依の律典として『根本説一切有部律』を将来し訳出しており、不空三蔵も後年、金剛智三蔵にしたがって、この律で石の戒壇に具足戒を受けている。これらの諸事から、空海は、根本説一切有部律を密教の律典とされたのであろう。

後年、ソーマプリ、オーダンタプリに並ぶヴィクラマシーラ寺から西蔵王イェシェオーの招請で入蔵したアティーシャ（Atiśa, 九八〇〜一〇五三）の戒律復興運動に端を発する後期流伝の西蔵仏教は、所依の律典として、この『根本説一切有部律』を依用しているのである。

また、『大日経』の訳出で知られる善無畏三蔵訳出の『蘇婆呼童子請問経』や『蘇悉地羯羅経』などと『金剛頂受三昧耶仏戒儀』一巻を律部の中に数えているのである。

日本密教は、空海の『三学録』に挙げられた諸経軌を軸として展開された。中でも、特に瑜伽タントラを代表するのは『Sarva-tathāgata tattva-saṁgraha nāma mahāyāna sūtram』（『金剛頂一切如来真実摂大乗現証大教王経』三巻、不空訳）であるが、此の経は、十世紀末宋代になってウッジャインの僧施護によって訳出された三十巻本の最初の金剛界品、即ち、「金剛界大曼荼羅」を説く段であり、部分訳である。

『金剛頂経』と並んでチャルヤータントラ（caryā tantra, 行タントラ）の『大毘盧遮那成仏神変加持経（大日経）』（七巻、善無畏、一行訳）が挙げられる。

この両経は、金剛界、胎蔵法を代表し、両部大経と呼ばれている。

『金剛頂経』には月輪観が五相成身観に付して説かれ、『大日経』には阿字観が散説されている。両者は後の日本密教を代表する観法である。

## 2　月輪観

密教においては智徳円満の悟りの内実を満月輪をもって表象される。悟りに至る方策は、釈尊が仏陀伽耶《ブッダガヤー》の菩提樹下に示された方策と同一ではない。月が、新月から順次上転し十五日をもって満月が円成されるように、上求菩提の円成、智の完成に譬えられた。満月より新月に至るを慈より発する下化衆生の道と考えられた。同時に、陰暦に従う仏教者の生活規範にも用いられた。即ち、新月、八日、十四日、十五日を布薩日《ふさつ》（uposatha）とし、特に、身を慎み、生活することが要求され、その日は、在家の、身を律する戒条も五戒から八戒に増えるのである。

今日でも、比丘僧伽は、新月、満月の日に戒律堂（sīma）に集会し、律典（pātimokkha, 波羅提木叉）を誦出し、半月内の生活を反省し、罪を告白し、還浄するのである。

## 3　五相成身観

密教における瑜伽タントラの代表として、『Sarva-tathāgata tattva-saṃgraha nāma mahāyāna sūtram』（『金剛頂一切如来真実摂大乗現証大教王経』三巻、不空訳）がある。これは、空海が『三学録』の中に、六十二経挙げる第一におかれた経であり、五相成身観を説く経軌は十六経ある。

この五相成身観が説かれる前に、阿娑頗那迦三摩地（Skt. āsphānaka-samādhi, Pāli. appāṇaka-jhāna, 無息禅、Tib. migyo baḥi tiṅgeḥdsin, 無動禅）を修していたことが説かれる。

(1)阿娑頗那迦三摩地（Skt. āsphānaka-samādhi, Pāli. appāṇaka-jhāna）

釈尊がかつて、ウッダカラーマプッタの許で修した禅観を捨て、前正覚山に登り、一人身命を賭した苦行に入られ、六年間過ごされたときの行がこの阿娑頗那迦三摩地（appāṇaka-jhāna は a-pāna で静慮において呼吸を止めることである）である。その禅を修している一切義成就菩薩に対して、色究竟天の一切如来は、苦行の無益なることを説き、五相成身観を奨めるのであった。

一切義成就菩薩（Sarvārtha-siddhi bodhisattva）の呼称は、悉達多（Siddhārtha, 義成就）即ち、釈尊であるというのが Ānandagarbha の註釈書『Tattvāloka』を除き、他の諸註釈書の一致した見解である。

Bu-ston の『総タントラ部解説〝タントラ部なる宝の妙厳飾〟という書』には、「タントラに、一切義成就菩薩に依拠して仏を説くため、Śākyamitra 阿闍梨は、浄飯王の子悉達多に生まれて、青年時には、遊戯娯楽をなし、城に住し、やがて城を出て、尼連禅河の畔で苦行を行ずる様を示し、異熟身を尼連禅河の岸におき、智身は色究竟天に到り、五相成身観で成仏して、須弥山頂で瑜伽タントラを説かれ、再び異熟身に入り、菩提樹下に往き、降魔と成仏の理趣を示された」東北No.5169,『Bu-ston 全集』Ba fol.246）と説きŚākyamitra の見解に依ることを示された。

一切如来の「苦行に益あることなし」との言に驚愕した一切義成就菩薩は、一切如来に対し如何なる禅観に入るべきかを請問された。一切如来は、悟りへの道として「五相成身観」を説かれた。これは、一切義成就菩薩が自ら求めたものではなく、一切如来が誘い、苦行を捨てさせ、以下説かれる五相成身観を示されたのである。

(2)五相成身観

五相成身観を説く経軌は、『三学録』の、金剛頂宗経、六十二経の中、十六経である。その中、五相成身観を説く経は、

『金剛頂瑜伽真実大教王経』三巻（不空訳）

『蓮華部心念誦儀軌』一巻

『観自在大悲成就瑜伽蓮華部念誦法門』一巻、不空訳

『金剛頂経曼殊室利菩薩五字心陀羅尼』一巻、金剛智訳
などである。

『十八会指帰』一巻（不空訳）には、「五相現成等正覚（五相者所謂通達本心修菩提心成金剛心証金剛身仏身円満此則五智通達）」と述べ、『菩提心論』（龍猛造）には、「次明㆓五相成身者㆒。一是通達心、二是菩提心、三是金剛心、四是金剛身、五是証無上菩提、獲金剛堅固身也」と述べられている（しかし、『菩提心論』は龍猛菩薩造とされるが、『大日経』や『華厳経』からの引用があり、龍猛即ち龍樹（Nāgārjuna）造は認められない）。

観法における坐法、呼吸法、内観の具体的な方法等については説かれていない。この点に関しては、教授阿闍梨の面授を俟《ま》つべきである。

五相成身観が、一切義成就菩薩にしろ釈尊にしろ、すでにウッダカラーマプッタの無色界定である非想非非想処天の定を已修しているので、三界の最高の定、śamatha（止）を完成していると見られる。次に出世間定 vipaśyanā（内観）を修すのである。

śamatha は、一切を止息する空寂の境界であるが、次の vipaśyanā（内観）は、世間を

越えた出世間の定で、阿羅漢（arhat）の境界であり、前者は有学であり後者は無学の境に入るもので、後に細説して四向四果、四双八輩とも呼ばれた。即ち、

預　流（sotāpanna）─┬ 預流向
　　　　　　　　　　└ 預流果
一　来（sakadāgāmin）─┬ 一来向
　　　　　　　　　　└ 一来果
不　還（anāgāmin）─┬ 不還向
　　　　　　　　　　└ 不還果
阿羅漢（arahant）─┬ 阿羅漢向
　　　　　　　　　　└ 阿羅漢果

であり、「預流」は涅槃の流れに入った者、「一来」は、一度は人界に戻る業果を持つ者、「不還」は、再び世間に戻ることのない境界、「阿羅漢」は敵（煩悩）を断じた者で応供、即ち供養に価する人である。

これらは、根本仏教あるいは上座部仏教に行なわれる定であり、その対象は、四諦、縁起などであるが、その成否は心内奥の問題であり自悟の世界であり、自楽の境界である。したがって、言語等による伝達不能の世界であり、言語を越えた世界である。これに対して、五相成身観は毘盧遮那如来に等同の一切如来の悟界で、更に、歩を進めた内観禅である。

①通達本心

五相に説かれる瑜伽の第一であり、心一境性をもって自心を如実に観ずることに始まる。『大日経』にも「云何が菩提とならば如実に自心を知る」ことであると説かれる。自心観察の三摩地により、自心に通達せる心の働きを、月輪の満ち欠けの働きの白月に例して考え、菩提心生起の心の働きで盈《み》ちたるを満月輪に譬え示すのである。やがて金剛不壊の月輪となり、これが「成金剛心」と説かれるのである。ここに、自心の実相を月輪と観ずる月輪観が具体的な修法として提示されるのである。

本来清浄、無染無垢の心を満月輪に譬え、更に素衣に喩えるのである。貪瞋癡等三毒の軽霧に一時掩われることがあっても、本性清浄の心月輪に及ぶことはない。素衣の如く無染無垢の心は修習すれば修習に随って法界の不思議色をもって彩られる。そして無尽荘厳の曼荼羅が、染粉に随って素衣が染められるように成立されるのである。それらは、新たに成立されるのではなく、本来成就、自性成就が実相である。

ここに、自性成就の真言 Oṃ citta prativedhaṃ karomi（オーム、我れ心通達を為さん）が誦される。

②修菩提心

本性清浄なる自心を月輪形において獲得し、正智を体現せる一切義成就菩薩に対し、一切如来は、その心智を一層増進せしめるため、次の発菩提心真言を授ける。即ち、

Oṃ bodhicittam utpādayāmi（我れ菩提心を発さん）

という自性成就の真言を授ける。菩提心を発し已って、一切義成就菩薩は、次のように述べる。本経に曰く、「彼の月輪形の如く、我れ亦た月輪形の如く見る」と。

この段について各釈疏を検討して見ると、Ānandagarbha の『Tattvāloka』は、月輪

に喩えられた一切義成就菩薩の心を更に増進し広大にするため、一切如来は発菩提心の真言を授ける。広大にするとは、今までの月輪の上に第二の月輪を生起することである。として、

「「月輪の如く観るものが何にあれ、それを、月輪そのものと観る」というのは、次のように説かれている。妙観察智が何にあれ、それが、月輪の如くそれぞれに顕現するそこに菩提心を発することを修習して、大月輪の相を有つ第二の〈月輪〉を見る」

と述べられている。

Śākyamitra の『Kosalālaṅkāra』は、

「月輪の如く心が説かれる。それを、「月輪そのものと見る」といわれる場合、心は、いつでも第一日の月輪の様に顕現する義を、修習力により、秋の十五夜の月の様に変現する、という意味である」

と述べ、最初、胸中に観じた月輪を第一日月に喩え、それが修習力によって心清浄が円満され、心月輪は満月の状態になったとする。彼は、心月輪円満に修習の次第を認めるのである。

Buddhaguhya『タントラ義入』は『一切分別集』を引いて、

「満月輪の上に、第二の満月輪を説く所のそれは、現等覚の加持を説くので、所化の人の力で別に考察して、そこには、自心観察をもって、一切の煩悩の習気を清浄にして、地と波羅蜜の習気を円満せる時、先の月輪で加持するのである。第二の月輪が諸如来の現証を得る菩提の自性心の相を説くのである」

と説いている。

以上、インドの諸学匠の釈を取り上げた。中国仏教における疏釈の類には見ることは出来なかった。タントラに対する呼称もなく僅かに「怛特羅」という音写語が散見される程度である。中国の宗教、哲学、文化基盤が、儒教、道教にあるためか、とも思われる。僅かに、『大日経』に対する善無畏、一行による疏が見られる程度で、行タントラとしての位置づけは窺《うかが》うことは出来ない。

日本においては、空海寂後間もない承和五年（八三八）天台宗の円仁が入唐し、天台学を学する傍ら、恵果の弟子義真らについて密教を学び、両部曼荼羅の大法を得られた。

円仁は、後に『金剛頂大教王経疏』七巻（大正№二二二三）を著している。それは、不空訳「三巻本」の中の前二巻に釈を施し、第三巻は「伝法聖者心裏記録。是故且止也」（大正六一・一一四b）として釈さない。

円仁は、心月輪について、「自心は満月の如し、我れ亦た是の月輪の如く見る。前に心を見るに月輪の如く、今、復た月輪形を見る。故に亦たと云うなり」（大正六一・三五b）と釈している。前に、心を見るに月輪の如く、今亦た月輪形を見る。故に、「亦た」というと釈している。

円仁の後、可成り時代が遅れて、曇寂（一六七四〜一七四二）が出て、不空訳の『三巻教王経』全巻に渉って註を施している『金剛頂経私記』十九巻（大正№二二二五）を著している。宋訳の『三十巻本』を依用しながら、前の月輪を世間一般のいう月を指すとし、後者も、自心に観ずる月輪としている。

これらを総じて考えれば、一切義成就菩薩（瑜伽者）が、自心を満月輪の如く観じ、それが、一切如来によって授けられた発菩提心真言の修習力によって心月輪が円満される。したがって、前後二月輪は、二而不二の月輪と解されるべきであろう。

しかし、瑜伽行であるから、実際に体験しない立場からは断言出来ない境界である。世上に云う満月輪に仮託して説かれる故に、この様な問題が提起されるのであろう。

③成金剛心

皎潔《きょうけつ》なる満月輪として標幟された菩提心について、一切如来は、一切の煩悩、所知障を遠離した一切如来の因の段の普賢心に等同であることを告げる。この修習を堅固不壊にならしめるために、次の真言、Oṃ tiṣṭha vajra（起てよ金剛）の心真言を併せ授けるのである。金剛とは五股金剛であり、日本密教においては、諸尊の三昧耶（samaya, 本誓）として、五股杵に種々の義が与えられている。例えば、五股杵は、五智・五仏、あるいは十波羅蜜、十真如、十法界、十如来地などの無垢清浄の仏智を表わすとし、一端を金剛界修生の智、一端は胎蔵理法界の智を標幟すると種々に説かれている。

さて、同じく五相成身観を説く『略出念誦経』（金剛智訳、大正No.八六六）や『二巻教王経』（不空訳、大正No.八七四）には、この段に、広観、斂観の二観が真言と共に付加されている。広観は自心即月輪となった月輪を漸々拡大し法界に遍満せしめ自心即法界の観を成じ、斂観は法界に周遍する月輪を収斂して自心に収め法界即自心の観を成ずる。広観の心真言はOṃ sphara vajra（オーム　金剛よ周遍せよ）であり、斂観はOṃ sanhara vajra（オーム　金剛よ収斂せよ）である。この二によって入我我入の三昧が説かれる。

『金剛頂経』には、これを直接説かないが、内実は次の段に説かれている。

④証金剛身（心から身へ）

一切義成就菩薩が自心の月輪上に五股金剛を観じ了ると、一切如来は、菩薩所有の一切如来普賢心金剛を堅固ならしめるために、次の真言　Oṃ vajrātmako 'haṃ（オーム　我は金剛身なり）を授けるのである。ātman, ātmakaという言葉は、インド哲学の中では、UpaniṣadやVedānta哲学などに取り上げられる最も重要な概念であり、言葉であり、純粋な精神原理であり、世界の統一原理としてのmahātman（大我）が、個我（ātman）と一体化すること、即ち梵我一如の世界をもって我の普遍化を説くのである。

仏教は、我（ātman）を無我（anātman）として退けながら、内包される「我」を縁起生滅、無自性空の我として容認した。ここに至って、身口心の業用は、法身如来の業用として展開されるのである。如来と等同不変の心から、心身不二をもって金剛身(vajrātmaka)をたてるのである。

一切世界に遍満する大毘盧遮那（広観）をはじめとする一切如来は、加持によって薩埵金剛に入る（斂観）。一切如来の遍満する虚空界は法界であり、一切如来の身口心金剛界である。これは、一切如来の三昧耶身でもある。虚空界に遍満する一切如来の三昧耶身が、一切如来の加持力によって、一切義成就菩薩の心月輪上の五股金剛杵に円融し無礙一体となる。

五智金剛杵は、一切如来の幖幟である。ここに至って、彼此分別の世界が、彼此無別、能所不二の世界である本有の世界に解消される。それは、縁起生滅の世界において展開されている世界なのである。このような重大な内実が（金剛）心から（金剛）身の移行の中に籠められているのである。

一切如来の三密行として金剛界を現証した一切義成就菩薩は、この金剛界をもって金剛名とする名号灌頂によって灌頂され、金剛界菩薩と称され、一切虚空界に遍満する一切如来と等同の位を得たのである。

⑤仏身円満

最後の段に至ると、一切如来たちは、一切義成就菩薩に対し「大薩埵」「薩埵金剛」などと呼びかけ、初め、阿娑頗那迦三摩地を修していた一切義成就菩薩に対し、「善男子」と呼んでいたことに対応させることが出来るだろう。

色究竟天において、上求菩提をもって仏身を円満された一切義成就菩薩は、色究竟天から須弥山頂の金剛宮殿に昇り瑜伽タントラを説かれたが、須弥山頂に到れる者少なく、衆生教化、下化衆生のため異熟身となり、釈迦族に生を享けられガヤーの菩提樹下に坐し、成道の様相を示され、仏陀となられたのである。この様に瑜伽タントラに属する『金剛頂経』は、釈尊の菩提樹下における悟りの境界も広く内包していったのである。これは仏教の帰結として極めて重大であろう。

『大日経』所説の「阿字観」と併《なら》んで、『金剛頂経』に説かれる月輪観が、後世、日本において、両部大経を代表する観法として整えられ行なわれる様になった。

『金剛頂経』の初めに、五相成身観が説かれ、まず浄明皎白なる月輪を自心とし、また浄菩提心とし、両者一体なるを観ずる。それは自心観察であり、その点に関して、『金剛頂経』（全三十巻）に註釈『Kosalālaṅkāra』を著している Śākyamitra,『Tattvāloka』の著者 Ānandagarbha, あるいは、『金剛頂経』の達意書『Rgyud kyi don la ḥjug pa（タントラ義入）』の著者 Buddhaguhya（七四二〜七七七頃）、その註釈書を著した Padmavajra, 更には、『Tāranātha 仏教史』が Bu-ston の書を見ることを示唆している通り Bu-ston rin-chen（一二九〇〜一三六四）の『瑜伽タントラの海に入る船』（東北 No.5104,『Bu-ston 全集』）などに、全て自心観察であることが指摘されている。『大日経』を訳出し、その『疏』を講述した善無畏も『無畏三蔵禅要』に述べていることである。それらの諸経論には、月輪観を行ずるための道場も道具立ても、修禅の作法、坐法、呼吸法、経行、自心観察の具体的な方策などは説かれない。

多くの密教者が行じた様に阿闍梨の面授が不可欠であろう。今日、それが可能であろうか。日本密教の興廃を左右する重大事項といわねばならない。

一切義成就菩薩は、更に、本性上成就している自性成就の真言、

Oṃ sarvatathāgata tathā 'haṃ/（オーム　我れ一切如来に等同なり）をもって、自身に仏身を円満していることを確信するのである。如来内証界が、単に心の問題でなく、具体的な展開をもつ経験界の内実として存することを示すのである。内証界は、法界体性智、大円鏡智、平等性智、妙観察智、成所作智の五智として説かれ、『都部陀羅尼目』には『金剛頂経』はこれによって、「仏部毘盧遮那仏以為部主、金剛部阿閦仏以為部主、宝部宝生仏以為部主、蓮花部阿弥陀仏以為部主、羯磨部不空成就仏以為部主」（大正一八・八九八c）を説く。これら五部の中、羯磨部を説かず、四部に説かれる。これは、羯磨は働きの故に形を持たない。それを宝生部の働きに含ませて解しているのである。

この辺の事情に関しては、『Tattvāloka』（Ānandagarbha）、『タントラ義入』（Buddhaguhya）とその註釈書『タントラ義入註釈』（Padmavajra）、後世の Tsoṅ-kha-pa『Sṅag-rim』などを参看して欲しい。

空海が『五輪投地次第』（弘全二・四六〇）に、

「大悲胎蔵曼荼羅ハ。自リ二衆生ノ心処一開発シ。金剛界曼荼羅ハ。自リ二如来ノ果界ノ中一示現ス」

と説かれる様に、金剛界曼荼羅は、差別相として展開されている世界即ち曼荼羅界が、毘盧遮那如来の内証智の示現なのである。智は、それ自体、決定、断疑、差別を特性とする故に、如来の内証智は、差別相として展開されているのであり、智法身の法門と呼ばれ、菩提心に始まる向上門なのである。

大悲胎蔵曼荼羅は、百六十心等無量の心に展開される衆生心であり、無量の差別相として展開されている世界に本不生際を見、一切平等平等の理を覚る、理平等の法門である。理法身の大悲に始まる向下の法門である。

両者は、本来一如であり、理智冥合の世界、本然の世界でありながら、理智各別の法門をもってこれを明かすのである。

『金剛頂経』においては、特に阿字観が取り上げられることはないが、稀に極めて簡単に説かれている。一例を挙げれば、「金剛界品」の悉地智の釈に、「阿は何処からも生じない故に一切法門である」と。この場合、阿は不生の義であり、それが門である。その門で法無我を現証すること、即ち、実体なき自性を破すのである。故に、有為無為の一切法は全て阿字門に聚される、と説かれている。

## 三　阿字観

人は阿（a）といって生まれ、吽（hūṃ）といってその命を閉じる。阿は、一切の始まりであり、吽は一切の終焉を意味する。阿・吽をもって一切の終始完結を表象する。この二文字をもって、完結せる一切世界を意味する。

寺門の左右には、阿吽の構えをした二人の金剛力士が、仏法守護のために置かれ、これに倣ってか、神社の狛犬も阿吽の構えである。これらは神仏守護ばかりでなく、阿吽をもって境内が宇宙を表象しているとも思えるのである。例えば、土俵上の東西二力士は阿吽の呼吸を整え、気充ちて土俵が一切宇宙と化した刹那、行司が軍配を返すのである。

阿は一切の初めであると同時に、一切を否定する語音でもある。また、阿字は、一切の字母に附随しており、阿字を母音と数えない学者もいる。

摩多体文（Mātrikā）、所謂字母表の初めにNamaḥ sarvajñāya siddhāṃ astu（南無一切

智に成就あれかし）の帰敬の文が置かれている。これをもって梵語の字母を悉曇（siddhāṃ）と呼ぶのである。

悉曇は、十二あるいは十六文字の母音と三十五文字の子音より構成されている。中国経由ということもあり、変容され近代サンスクリット語とはほど遠いものである。

悉曇の頭初におかれる阿は、一切の文言の基本に付されている。阿は一切のものの始まり、吽は一切の帰着終結を意味し、阿吽をもって一切を包摂し、阿吽が一切であると考えられた。

ここに云う悉曇は、古代インドの言葉で、ヴェーダ語（Vedic Sanskrit）で梵天の街の言葉なので、梵語とも称される。紀元前三、四世紀頃、文法学者パーニニ(Pāṇini)によって、Vedic Sanskrit が整えられ、パーニニ文典と呼ばれる『Śabdānuśāsana』八巻が整えられ、古典サンスクリット文法の規則が確立され今日においてもサンスクリット文法において絶体的な権威は失ってはいない。

この古典サンスクリットは仏教に広く用いられたが、必ずしも古典サンスクリットに忠実でなく Hybrid Sanskrit と呼ばれる混交サンスクリットであり、また俗語と混交したprākṛtaが行なわれ、今日、南方上座部仏教の語（聖典）として広く行なわれ、それによってパーリ仏教の名で呼ばれている。

釈尊の日常会話は、恐らく、マガダ語あるいはコーサラ語でなされたと思われる。説法はサンスクリット語で行なわれたようである。

ある時、釈尊は、土語を交えて法を説かれた。従者の阿難をはじめ多くの比丘衆は、「尊者が賤しいprākṛtを話すのは応しくない」と申し上げると、釈尊は、「聴衆の理解出来る言葉で話すべきである」と比丘らに告げられ、彼らの言を退けられた。これによって、サンスクリット語からパーリ語が始められた。というのが南方上座部の主張であり、彼らの仏教をパーリ仏教と呼ぶ由縁でもある。

## 1　『大日経』の阿字観

旅に出る。人生を旅路と考えるなら、旅にあって旅に出ることになる。電車が猛烈な勢いで走る。しばらく、窓外に流れる景色を見ているうちに、動いているのは、窓外の景色で、自分は動かない不動の自己と錯覚する。逆に窓外の一点を固定すると、その点を中心に、景色は廻りはじめる。この体感は錯覚に過ぎないと捨棄して仕舞うのは簡単であるが、体に残る感覚は何なのだろうか。

これと同様に、釈尊は、縁起する世間にあって、その流れを確と見詰め、揺ぎなき意識（禅定）をもって世間を透視し、自らを含めて縁起の流れにあることを、中道に立って悟られ、動中に不動の場を得られた。これが、世間の真実を見られた釈尊の覚りである。「これある時かれあり、これなき時かれなし、これ生ずるよりかれ生じ、これ滅するよりかれ滅す」と有名な定型文に見られる留まることなき縁起の中にあって、縁起せる自らを知ったとき、不動の場に立たれたのである。

これは、釈尊を追い、追いつくことが出来ず、思わず「止まれ沙門」と呼びかけた外道Aṅgulimāla（指鬘）に対し、「私は止まっている。駆けているのは汝である」と答えられた会話の中に見ることが出来よう。

縁起の法を見て仕舞われた釈尊は、ベナレスの鹿野苑で、修行仲間たちが釈尊を迎え、親愛の情から「Vo Gothama」と呼びかけたのに対し、釈尊は、自らをtathāgataと宣した。「tathāgata」を漢には如来（tathā-āgata）と訳し、西蔵には如去《にょこ》（tathā-gata. de-bshin-gśegs-pa）の意に訳出した。

真実のとおりに去来するのが如来であり、如来は真実を説かれる。それらは、四諦（catur-ārya-satya）八正道（āryāṣṭāṅga mārga）である。

釈尊における解脱、悟りは、一切の存在に縁起を見ることであり、それは内観によって得られるとする。「縁起を見る者は法を見、法を見る者は縁起を見る」といわれる。更に、「法を見る者は我を見る。我れを見る者は法を見る」と。

まさに、この縁起の法を知る者は、法を知り真実を知り仏を知るのである。この縁起生滅の真実の世界をsatya（真諦√as）、tathatā（真如 tathā）、bhūtva（真実√bhū）といわれ、『金剛頂経』にはtattva（真実 tad）といわれ、極めて具体的な事例の中に真実を見ているのである。

十二縁起、業感縁趣、阿頼耶縁起、真如縁起、法界縁起、六大縁起と縁起理解の変遷を追って縁起を俯瞰し整理すれば、仏教全体の流れが見える。

善無畏（六三九～七三五）、一行（六八三～七二七）によって訳出された『大日経』は、真言密教の骨格を示し、『金剛頂経』はその功用を示した。この中『金剛頂経』は、内の瑜伽を主としているが、同時に、外儀を主とする作タントラ（kriyā-tantra）を併有しており、作タントラも軌則のみを説くのではなく、内に瑜伽行を有していると考え、この両者を充足させるタントラとして ubhaya-tantra（両タントラ）を立てた。それが『大日経』であり、行タントラ（caryā-tantra）と呼ばれるのである。

世尊は、これら三種のタントラを、上中下の三種機根の所化のために説かれたとする。即ち、首題だけを聴いて理解する智鋭利の頓悟のもの、義分別で悟るもの、句に専念して理解する迂悟の所化にそれぞれ適するタントラを示すのである。

行タントラとしての『大日経』においては阿字は処々に説かれ、経の外延を示しているが、阿を、字、字義、字門として取り上げている。

「入曼荼羅具縁真言品」に「本不生の故に、𑖀は一切法の門である」（大正一八・一〇a、西蔵訳・台北版 vol.17, fol.342）と説き、三十二字門（仏の三十二相）は一切の法門と説く。

「悉地出現品」に、「爾の時、世尊は、復た三世無礙力の依と如来加持の不思議力の依たる荘厳清浄蔵三昧に住し、即時に、世尊は三摩鉢底（samāpatti, 禅定）中より無尽界の無尽語表を出したまう」（大正一八・一八b）と。

これを釈して『大疏』は、「阿（a）字より三字（ā, aṃ, aḥ）を出して四字を成ず。此の四を合して一と為し、而も一切処に遍布せり。声門より字を出して、亦た、一切に遍ぜり」「声聞とは声を出す処を名づけて門となす。此の声門は即ち、是れ阿等の四字なり。此の阿字より而も声を出すをもっての故に門と名づく。此の阿字門は仏口なり、即ち、是れ仏心なり」（大正三九・六九四b）と釈している。蔵訳『大日経』には、阿字は最勝、第一命と述べている。

四種の阿字を説くため世尊は三摩地に入られ、勝義と俗諦の三摩地に入られ、勝義には、真如を説かれ、俗諦には大丈夫の三十二相を示し「百字品」はaより三十二文字を出すことを説く。それら𑖀をはじめとする三十二文字は大丈夫の三十二相に観待されると説くのである。

また、a字は菩提の自性にして、四種は、その菩提の四支分具足にして、菩提と行と普覚と涅槃である。

『大日経』「悉地出現品」に、

「𑖀(a)字門をもって而して成就を作すべし、若しは僧の所住の処にあり。若しは山窟中あるいは浄室において、阿(a)字をもって遍く一切支分に布し、時は三洛叉を持す」(大正一八・一九c)

「𑖁(ā)字門をもって出入息を作し、三時に思惟し、行者が爾の時能く持さば、寿命長劫にして世に住せん」(大正一八・一九c)

「行者は、次第の如く、先ず自らの真実を作し、前の如く法に依って住し、正しく如来を思念せる阿(a)字を自体と為し並びに大空点をおく」(大正一八・二〇a)

と𑖀𑖽を説き、更に、𑖀字に涅槃点(visarga)を付して𑖀𑖾字を作し涅槃の徳を表わす。𑖀(a)は菩提心(発心)、𑖁(ā)は菩提行(修行)、𑖀𑖽(aṁ)は無上証菩提を示し、𑖀𑖾(aḥ)は涅槃の四智と観ずる。これに方便究竟の𑖁𑖾(āḥ)を加え五転の阿字とし、これらの阿字を一括して𑖁𑖽𑖾(āṁḥ)と表象するのである。

このような内実をもつ阿字を知るのは言亡慮絶の瑜伽の境にあってこそ可能なのである。四種に説かれる、最勝、第一命の阿字は大因陀羅(mahendra, 大自在輪、地輪)は、金剛黄色にして、そこに坐して思惟する故に瑜伽座と名づけられる。

次に、嚩（va）字門を明かす。字門は、雪や乳の鮮明皎潔なる如きであり、息災中の第一であり、息災法（śāntika）にして水輪であり。水曼荼羅である。

「羅（ra）字は、勝真実なり。仏は火中の上と説きたまう。所有る衆の罪業は、応に無択の報を受くべし。瑜祇をよく修する者は、等引して皆消除す。所住の三角形は悦意にして遍く形《とう》赤（赤色）なり」（大正一八・二〇c）と説き、次いで、

「訶（ha）字は第一実にして、風輪の生ずる所なり。及び因と業と果の諸々の種子を増長する」（同二一a）

これが空点具足に相応するなら、それらは一切を破壊する。その姿も説かれる。

「深玄にして大威徳あり、暴怒形を示現し、焔鬘普く周遍して漫荼羅位に住す。智者は眉間に深青の半月輪を観ず」（同二〇c～二一a）

「佉（kha）字および空点は、尊勝にして虚空の空（点）なり。〈khaṃ・𑖏𑖽が空の最勝といわれる（蔵訳より）〉」（同二〇a）

と説かれている。これらを整理し、表に纏めれば次頁のようになる。

以上のような形、働きとして表象される𑖀は、最勝、第一命といわれ、存在一切の根

元であり、同時に、それらを否定する。それは、縁起することにおいて、存在が可能であり、同時に、否定さるべき存在でもあり、有無は縁起の当体であり、留まることがない。したがって言語化されることも否定する。これらを、十二縁起、業感縁起、阿頼耶縁起、真如縁起、法界縁起、六大縁起など種々の縁起の法をもって捉えようとした。まさに「縁起を知るものは法を知る」と釈尊のお言葉どおり縁起を知ることが仏教を知る道である。

密教は、両部大経を中心に、本来不生（ādyanutpāda）の故に、縁起の当体にありながら縁起を超えた不生不滅の境、本有を主張するのである。

| 五輪 | 地 | 水 | 火 | 風 | 空 |
|---|---|---|---|---|---|
| 種子 | 𑖀 (a) | 𑖪 (va) | 𑖨 (ra) | 𑖮 (ha) | 𑖏 (kha) |
| 顕色 | 黄 | 白 | 赤 | 黒 | 青 |
| 形色 | 方 | 円 | 三角 | 半月 | 団形 |

### (1)ブッダグフヤの阿字観――『大日経広釈』と『摂義』――

インドにおける瑜伽タントラに関わる三人の学匠、『初会金剛頂経』に対する註釈書

『Tattvāloka』を著したĀnandagarbha,『Kosalālaṅkāra』の著者Śākyamitra,『金剛頂経』の達意書『タントラ義入』を著したBuddhaguhya（西蔵王〈Khri sroṅ lde btsan 七四二～七七八年治世〉との交渉を持つ）がいるが、その中、Buddhaguhyaは後世、日本で両部の大経の一と呼ばれる『大日経』に対しても略釈『大日経摂義』、次いで『大日経疏』に匹敵する『毘盧遮那現等覚大怛特羅註釈』（『広釈』）を著している。

漢語とは全く異質な言語体係、文化を持つサンスクリット語に見られるa字解釈を『大日経疏』の講述者、インドの学匠善無畏によって、中国の学匠一行阿闍梨の援《たす》けがあっても、漢語に十分訳出できたろうかの疑問がある。

『大日経』の具縁品以下に字義、字門などから処々に説かれ、枚挙に暇《いとま》がないが『大疏』に相当する、ブッダグフヤの『広釈』から「悉地出現品」（大正三九・六九一以下、蔵・台北版vol.31, fol.14）第六に見られる阿字解釈の一部の文を一例として撿じてみる。

「阿字を四種a ā aṃ aḥ（菩提、行、普覚、涅槃）の三摩地門と釈す」

「阿字を説くため、世尊は、三摩地に入られ勝義と俗諦の阿字門を説く。勝義の阿字門からは真如を説き、俗諦には三十二相を説き、それが三十二文字である」

「阿字は菩提の自性にして、四種は、菩提の四支分である」
「अ(a)字は最勝と知らるべきであり、अ(a)字は一切法本来不生、अ(a)字不可得、अ(a)字は命の最勝、一切法はअ(a)字門より入る。अ(a)字は不可得といい、瑜伽座といい、五輪の地輪に相当させるなど、一切法に広く用いられている」

この様に、a字の解釈は密教に広く用いられ、a字を基点に論が広く展開されている。『広釈』に先立って説かれた『摂義』(台北版vol.30, fol.108)において四転のa字を説き、

1　aは菩提の位である(発心)
2　āは行の位である(修行)
3　aṃは円成仏の位である(証菩提)
4　aḥは涅槃であるといわれる(涅槃)

とし、この四真言をもって、世尊毘盧遮那の菩提と行と円成仏と涅槃の智の分位を明かしている。

更に、a, va, ra, ha, khaの五字門の一、地輪として出して説いている。即ち五字門は地・水・火・風・空の五輪である。これらの心真言の念誦の行と修習によって起こる瑜伽も

説かれる。瑜伽処の相は『大日経』の「悉地出現品」により、

「阿は最勝と知らるべきである。大自在輪（地輪）を具足し、内・外にも金剛輪が知らるべきである。そこに坐して一切を思念するのが瑜伽処と説かれる」（蔵訳より）

の文などを引いて阿字を説いている。

ここに云う瑜伽処が阿字観の作法と見られる。深い冥想をもって阿字を十万遍念ずれば、その果を得ると説かれ、阿字の功能が説かれるのである。

阿字を念ずるときの具体的な所作、軌則などは説かれず、冥想と説かれ、それが瑜伽処であると説かれるのである。『大疏』の「成就悉地品」を釈する段に、修定の方軌として阿字観行が説かれるが、阿字観の作法、行儀、軌則は説かれず、阿字門を心中に修す念誦の法を説いている。

『大疏』『広釈』共に阿(a)に関する釈は詳しく、両者の際立った相違は見られなかったが、いずれも独立した観行とはせず、冥想法、観法としている。したがって、それに類する禅観の軌則などは説かれていない。

⑵『無畏三蔵禅要』の禅観

阿字観の依拠となっている『大日経』を訳出し、『大日経疏』を講述した善無畏三蔵の口説の禅観として『無畏三蔵禅要』がある。それには、

「夫れ大乗法に入らんと欲う者は、先ず須く無上菩提心を発して大菩薩の戒を受け、身器清浄にして、然して後に法を受くべし」

と説き、十一門に分って述べている。それらは、

㈠発心門、十方の一切諸仏菩薩に帰命する。
㈡供養門、一切の最勝上妙の香華旛蓋をもって至心に頂礼する。
㈢懺悔門、無始来の一切の犯せる罪業を懺悔する。
㈣帰依門、一切の諸仏諸菩薩に帰命頂礼する。
㈤発菩提心門、四弘誓願をもって平等性智を現前せんことを願う。
㈥問遮難門、殺父母などの七逆罪をはじめ諸罪を犯さざることを誓願する。
㈦請師門、一切の諸仏、諸菩薩を請し、至心に頂礼する。
㈧羯磨門、三世十方の諸仏菩薩に三聚摂戒および密戒を受ける。

㈨結戒門、受戒せる所の戒を無上菩提を証する迄捨棄しないことを誓う。
㈩修四摂門、四摂と十重禁戒を受け間断なく行ずる。
㈪十重戒門、三聚摂戒および密教の十重禁戒を受持して離さない。

以上の十一門を受持し、更に、密教の禅観に入る。「今は且く『金剛頂経』に依りて一方便を設く」として『金剛頂経』所説の禅定、五相成身観を思わせる文を出している。次いで、手印、坐法、眼の置き所を説き、観法を述べ、出入息の呼吸法を説き、そして円明の月輪を観ずることを説くのである。

そして最後に、整えられた心の収斂と拡散を説くのである。

『無畏三蔵禅要』は、文中に「輸波迦羅三蔵の曰く」の文が見られるところから『禅要』の編者は、善無畏に近しく禅観にも明るい人と思われる。それに相当する人物として、『大日経』の訳出、『大疏』の筆受をしたといわれる禅門出身の一行禅師（六八三～七二七）が想定される。禅師は、はじめ禅宗に出家し、普寂禅師を師と仰ぎ、続いて天台に学び、当時、新たに中国に将来された密教を修すため新来の金剛智に師事して金剛頂経を学び修し、更に、善無畏に師事して胎蔵法を学んだ。禅観に通じ、金胎両部に明るい一行禅師がこの『無畏三蔵禅要』を請した人ではないかと思われるが確証はない。
（金剛智は南インド王族の出といわれる。当初、肖像画も黒い容貌に画かれていたが、何時の頃からか、知らぬ間に他の祖師方と等しく白顔に画かれることが多くなった。こうした些細なことから正しい後世への申し送りが乱れてくるのであろうか）

⑶空海の諸著作に見られる阿字観

大同元年（八〇六）十月、在唐二十五ヶ月（長安に住すること十六ヶ月）で帰国された空海は、旅装を解く間もなく、『御請来目録』を朝廷に上表している。それらは総て密教の経論、密具、曼荼羅、密教伝持の諸阿闍梨の自画像、新訳の経論などであった。請来せる品々は、質量共に国家事業にも匹敵するものである。

唐朝の国師であり、不空三蔵より密教の正当を禀けた恵果《けいか》和上にしたがって学法灌頂、胎蔵・金剛界の両部の曼荼羅壇に入り、更に伝法灌頂を受け、阿闍梨の職位に昇られた。日本で初めての密教の阿闍梨である。

空海が、密教の香りに触れたのは、十五歳の折、父の職務を継ぐためだろうか、母方の舅《おじ》阿刀大足《あとのおおたり》に随って奈良の都に上り、大学を目指したころである。当時、大学は高位高官の子弟に限られ、入学も十三歳から十八歳の者で、一般には開放されていなかった。

大学も家柄が第一で、十五歳の空海には、容易に門は開かれなかった。地方とはいえ神童・天才の名を恣にしていた空海には納得出来なかったであろう。十五歳から三年間阿刀大足の許で受験に必須の『論語』『孝経』を学んだ。この間の事を『三教指帰』は次のように誌している。

「年志学にして外氏阿二千石文学の舅に就いて伏膺し鑽仰す。二九にして槐市に遊聴し、雪螢をなお怠るに拉《とりひし》ぎ、縄錐の勤めざるに怒る。ここに一の沙門あり、余に虚空蔵聞持の法（善無畏訳『虚空蔵菩薩能満諸願最勝心陀羅尼求聞持法』）を呈す。その経に説かく、もし人、法によってこの真言一百万遍を誦すれば、即ち一切の教法の文義暗記するを得、と」

雪螢縄錐の勉学は受験に向けてのことであったろう。当時、奈良の都では、記憶力増進のため流行していた、といわれる。試験は、中国の科挙と同じく経典、詩文の暗記が主とされた。空海は、生涯の師とも仰いだ大安寺の勤操より受法した記憶増進のための

「求聞持法」を修したのではなかろうか。

この様な見解は、『御遺告』と『遺告諸弟子等』に、「于生十五に及んで入京し、初めて石淵贈僧正大師に逢って、大虚空蔵等并に能満虚空蔵の法呂を受け、心を入れて念持す。後に大学に経遊し……」とあり、後世の『高野大師御広伝』上に、「十有五。初入京師。逢石淵贈僧正勤操和尚。学三論宗之法門。受大虚空蔵菩薩能満所願等法。及二九齢。遊聴大学」とあり、『弘法大師行化記』にも「生年十五入京。初めて石淵勤操大師に逢い、大虚空蔵等并能満虚空蔵法を受け、入心念持す」と記し、十八歳の段に「大学に経遊し、直講味酒浄成にしたがって毛詩左伝尚書を読み、また左氏春秋を岡田博士に問う」とあり、いずれも大学に入る前に求聞持法を受け、修している様子が窺えるのである。

空海は、後年四十歳の頃、悪瘡に見舞われるが、その予兆を感じていたのであろうか。

空海は、何日の日か年時は判らないが大学を離れ、本然の自己を見詰め、自らを解放し、山野を跋渉し、自然の大いなる生命に自らを投じ、阿波大龍嶽に登り、土州室戸岬の洞窟で、かつて成満出来なかった求聞持法を修された。洞窟は海辺近く、視野に入るのは限りない青い空と泡立つ白波の打ち寄せる蒼い大海原であった。風の音と単調な打ち寄せる波の音、行願満ちて虚空蔵菩薩の三昧耶形である明星の暁光来影と共に行は成満されたのである。

齢二十にして勤操にしたがって槙尾山寺において出家、沙弥となり、更に、二十二歳のとき、東大寺戒壇において具足戒を受け、空海と名を改めた。

南都に、区々たる論宗を学び、それらを総合する不二の法門を模索していたころ、久米寺の東塔に『大日経』を得られた。しかし、それを理解する南都の学匠は一人として居らず、空海は、『聾瞽指帰』(『三教指帰』)を草し、世間から姿を隠して仕舞った。

その間の経緯は不明であるが、突如、姿を現わし、延暦二十三年(八〇四)遣唐使藤原葛野麻呂《ふじわらのかどのまろ》にしたがって入唐された。今日、空白となっているこの七年間を、多くの空海の伝記は、現在それに関わる資料がないので次の飛躍のための準備期間であったと述べ、あるいは何事も無かったように通り過ぎているが、この七年間は、空海生涯に渉り、仏教、密教弘通のためのエネルギーを溜めた重要な期間であったろうと思う。

「虚しく往って満ちて帰られた」求法の旅も二十年の期を縮められて二十五ヶ月余で帰

国された。空海闕期《けつご》の事情は受法のための費用、国家事業にも匹敵するような、文物の請来を見れば肯首出来ると思う。帰国されるや、『御請来目録』を朝廷に上表され、灌頂壇を開くなど密教弘通に努められた。

弘仁四年、空海四十歳、四月末より体の変調を知り、それに対し「弘仁の遺誡」として知られる遺誡を遺された。これを境に空海の密教構成のための執筆が多く見られるようになった。病が空海に筆を執らせる因となったのであろうか。四十の歳を数え人生の半ばに至ったと感じた空海は、病もあり、これを契機に密教を系統立てて説かれた。その頃の空海の著書の主なるものは、

『弁顕密二教論』　弘仁六年（八一五）　四十二歳
『般若心経秘鍵』　弘仁九年（八一八）　四十五歳（異説あり）
『秘密漫荼羅教付法伝』
『真言付法伝』　弘仁十二年（八二一）　四十八歳
『三昧耶戒序』（十住心名全て出される。『十住心論』の構想あり？）
『秘密三昧耶仏戒儀』

『真言宗所学経律論目録』　弘仁十四年（八二三）　五十歳頃

『即身成仏義』

『声字実相義』（『即身成仏義』の後）　天長元年（八二四）　五十一歳

『吽字義』

『十住心論』十巻　天長七年（八三〇）　五十七歳

『秘蔵宝鑰』三巻

以上の諸論の中、初めの『弁顕密二教論』より『真言宗所学経律論目録』までの七論には、阿字観に関わる文は見られない。

『即身成仏義』

空海の三部作「即・声・吽」の一として知られる『即身成仏義』は、「六大無礙常瑜伽」を説く段で、

「阿字諸法本不生の義とは、すなわちこれ地大なり」（弘全一・五〇八）

といい、また「阿字は第一命なり」すなわち地大の阿字が一切を養育する根本なので、

第一の命根とされており、あるいは、「金剛輪とは阿字なり。阿字すなわち地なり。水火風は文の如く知んぬべし」と解しておられるが、それ以上に論を進めていない。

### 『声字実相義』

『声字実相義』は、文中に「『即身義』の中に釈するが如し」とあり、これによって『声字実相義』は『即身成仏義』の後の作であることが判る。

『大日経』（「具縁品」）を釈して、「阿字門等の諸字門及び字輪品等（転字輪品、布字品、百字成就品等）はすなわちこれ字なり」と述べ、そして「梵本の初の阿字、口を開いて呼ぶ時に阿の声あるは、即ち、これ声なり。阿の声は何の名をか呼ぶ。法身の名字を表す」「いわゆる法身とは、諸法本不生の義、すなわちこれ実相なり」と説かれる。また、「阿字等は法身如来の一一の名字密号なり」といずれも字義、字門を解するのみで観（vipaśyanā）の対象とはしていない。

### 『吽字義』

『吽字義』には、「この吽は四字をもって一字を成ず」と述べ、吽（hūm）字を阿（a）・訶（ha）・汙（u）・麼（ma）の四字に分解して論じている。「阿（a）は法身の義、訶（ha）は報身の義、汙（u）は応身の義、麼（ma）は化身の義なり」と分って解している。阿字に限って字相の面から見れば、「阿字の義とは、訶字の中に阿の声あり。すなわちこれ一切字の母、一切声の体、一切実相の源なり。凡そ最初開口の音にみな阿の声あり。若し阿の声を離るれば、すなわち一切の言説なし。故に衆声の母となす。若し、阿字を見れば、すなわち諸法の空無を知る」と説かれ、更に、阿字の実義として三義を立てられる。即ち、「一実の境界即ちこれ中道なり」と述べられ、龍猛（Nāgārjuna, 一五〇～二五〇頃）の『中論』の空・仮・中の三諦に比定し、更に、『大智度論』（大正二五・二五九a、六四六b）に説かれる三種の智をもって阿字の義とされ、更に『大日経疏』巻七（大正三九・六五一c）に、

「阿字門一切諸法本不生とは、凡そ三界の語言はみな名に依る。而て名は字に依る。故に、悉曇の阿字も亦衆字の母となす。当に知るべし、阿字門の真実の義も亦復かくの如し」

と説かれる文を引き、更に阿字に非の義、不の義、無の義あることを説かれておられるのである。

同じ段を『広釈』（ブッダグフヤ造）は、

「本来不生の故に阿は一切法の門である。とは、一切法は本来不生なる故に空性を悟る者が如来にして、その故に、阿字の空性を悟る三摩地門なるを加持し安立する。その故に阿字門から一切法は本来不生にして不現と説かれる」（東北 No.2663, fol. 676）

と釈している。

吽字を訶、阿、汙、麼の四字合成と見て、それらの一々を字相、字義の点から解しているが観法の対象とはしていないのである。

後世三部作として知られる『即身成仏義』『声字実相義』『吽字義』を完成した天長二年（五十二歳）突然俗甥で愛弟子の智泉を失った。『為亡弟子智泉達嚫文』（『続性霊集補闕鈔』巻八）を見ると抑えきれぬ空海の心の高まりが見える。

『秘密曼荼羅十住心論』

本論は、真言宗の教格を示す重要な論である。『大日経』の「住心品」や『菩提心論』に依拠して、心を異生羝羊心乃至秘密荘厳心の十住心に頒ち説き、密教の優位性を主張した心品転昇を説く論である。

阿字に関しては、「𑖀等の五転に各々本不生、寂静、辺際不可得等の義あり。阿字に諸法性の義と因の義と果の義と不二の義と法身の義とあり、即ち、これ大日如来の種子真言なり。此の五転は、即ち五仏の種子真言なり」とあり、文末に「阿字とは本不生の義なり」とあるのみで、阿字への言及はない。

『秘蔵宝鑰』

『秘蔵宝鑰』は、前出の『秘密曼荼羅十住心論』の略論である。第一住心から第十住心までを短簡に演べ、第十住心において、般若の十六空観に順じて心品転昇し、無礙智を円満し、「阿字とは一切諸法本不生の義」とし次の五義を挙げる。

㈠阿(a)字これ菩提心

㊁阿（引声 ā）字これ菩提行
㊂暗（aṃ）字これ証菩提の義
㊃悪（aḥ）字これ般涅槃の義
㊄悪（āḥ）字これ具足方便智の義

阿字を五義に述べるが、その具体的な観法、観行については説かれない。

『秘蔵記』

不空三蔵の口説を恵果和上が録し、あるいは、恵果和上の口説を空海が記したとされる『秘蔵記』には次の様な文がある。

「我が心に月輪を観ぜよ、輪の上に阿字を観ぜよ、阿字変じて如意宝珠となる。宝珠法界に遍満す。口に阿字を誦せよ。疲れるに随って寝《いね》よ。印は卒塔婆印を用いよ」

また同本に、

「浄菩提心観、念誦の分限了らば、すなわち定印を結び、五字を観ぜよ、これ月輪観なり。また実相観なり、謂く、阿卑羅吽欠なり。まず月輪を心に安じ、輪の上に五字を布せよ。声と字と実相とは、逆順に往返して観想せよ。声といっぱ口に字を誦する声なり。字とは字体を観ず。実相とは字義を観ずるなり。了る時は、唯一向に月輪の周遍を観ぜよ。良久《やや》しうして以後に月輪を法界に周遍せしめて、俄に須《すべから》く身と月輪と専ら無分別智に住すべし。然る後、衆生を利せんが為めに、大悲門に住して出観せよ。月輪を巻き縮めて自心に収斂せよ」（弘全五・一三）と。

これらはいずれも行者心中の観想であり、道場を整え、画像を整え、冥想・観法の次第所作、坐法・呼吸法、経行《きんひん》などについて、何らの具体的なことは説かれていない。

月輪観は『金剛頂経』に、阿字観は、『大日経』および『疏』にしたがって解されている。空海の頃には、月輪観、阿字観は独立した修行法として確立されていなかったのであろう。

(4)月輪観と阿字観

真言宗は別名瑜伽宗・三密宗・曼荼羅宗・陀羅尼宗などとも称される。それは、三密瑜伽を重視する故である。身口意の三業を整え、仏身円満のため、三学中の定を完成させなければならない。

初期仏教においては、内観（vipaśyanā）として行じられ、今日でも、前に述べたように、上座部仏教の禅観とされている。

密教においては、自心に、月輪、阿字を観じ、仏身円満を図る禅行とされた。また、密教の説く所に融和一体化、瑜伽することをもって、仏身円満を考えた。そして、それを阿字、月輪に集約し、それに瑜伽することを説いたのが、月輪観であり阿字観である。しかし、これらの観法の明確な軌則、具体的な修行法は、万差の道をもつ個の心奥に関わる修法の故に一律には論じられなかったものであろう。

前述の上座部仏教の禅観でも、出世間心に関しては、修行者の意に任せているのである。そこは、釈尊と大迦葉との間に交わされた「拈華微笑」の世界である。

(5)空海の十大弟子

(イ)実慧（七八六〜八四七）は、讃岐国多度津の生まれで空海と同郷である。出家して大安寺に初め唯識を学び、後、空海の密教を敬慕して密教を学し、二十五歳、両部灌頂を受けられた。更に両部の秘奥を相承し、空海高野山に隠遁するや根本道場東寺を付嘱し、空海滅後第二の大阿闍梨となった。実慧は、空海の跡を継ぐ第一人者であった。

著作には、ここに取り上げる『𑖀字観用心口決』の他に『金剛界次第』『胎蔵界次第』『五秘密次第』『檜尾口訣』等々がある。

㋺真雅（八〇一～八七九）、空海の甥、讃岐多度津郡に生まる。空海の弟、才鋭く、法兄真紹を超えて東寺の長者に補さる。

㋩真済（八〇〇～八六〇）、高雄神護寺第二世、詩歌に通じ『遍照発揮性霊集』十巻を編む。

㋥道雄（～八五一）、俗姓佐伯宿弥。讃岐多度津の人、智証大師圓珍の伯父ともいわれる。

㋭円明（～八五一）、出自不詳、空海より両部大法を学ぶ。

㋬真如（～八一〇頃～）、平城天皇の皇子、母は伊勢継子、薬子の変（八一〇年）で廃位、八六二年入唐、インドを目指し、現在のベトナムの辺に消息を断つ。

㋣杲隣（七六七～八三七以後）、出自不詳、東大寺に性・相宗を学す。後、密教を学し、空海十大弟子の随一となる。

㋠泰範（七七二〜八三七以後）、出自不詳、近江の人ともいわれる。初め最澄に師事し天台学を学す。最澄に代わって空海に密教を学し、空海のもとに留まり叡山に帰らず。

㋷智泉（七八九〜八二五）、空海の甥、三十七歳で夭折、その才を惜しむ空海の悲嘆大なり。

㋦忠延（八三七頃の人）、出自不詳、空海に随って密教を学し、異才を示す。

以上、実慧をはじめとする空海の十大弟子であるがその中、四人が空海の縁戚あるいは同郷の人である。このようなことは、心していても容易に出来ることではない。この様な人的配置は空海歿《な》き後の真言宗に微妙な影を投げかけていた様に思われる。筆者の思い込みかも知れない。


空海入定後、真言宗の実務は十大弟子筆頭の実慧が行なっていたようである。真然、真済は、受法の正統を求めて入唐を志したが、天候に阻まれて果たせなかった。実慧は、入唐する円行に書を托し、恵果和上の墓前に空海の訃報を捧げた。空海入定後、真言宗の教義には然したる進展もなく、教団の乱れを阻止する手段として法流の確立を図り、遂に七十に及ぶ法流が行なわれ、今日に至っている。その中、東密三十六流・東密根本十二流・広沢流六流の一として伝法院流が行なわれた。その流れの中に覚鑁（一〇九五〜一一四三）を開祖とする大伝法院流が行なわれ、新義真言宗の法流の源として今日に至っている。

(6)『阿字観秘決集』雷密雲撰

空海以後になって、阿字観に関する論が多く出された。『密教辞典』によれば、口伝を含め百数十種ありといい、五十六巻以上の阿字観に関する書が出されている。それらの中から重要と見做され選ばれた十二本が雷 密雲師により、『阿字観秘決集』として明治四十五年に出版された。それらは、

1 『𑖀字観用心口決』　実慧大徳（七八六〜八四七）
2 『阿字観』　覚鑁上人（一〇九五〜一一四三）
3 『𑖀字観』　松橋法橋
4 『阿字観』　覚鑁上人（一〇九五〜一一四三）
5 『阿吽合観』　道範阿闍梨（一一七八〜一二五二）

6『消息阿字観』　道範阿闍梨（一一七八～一二五二）
7『阿字観次第』　勝覚権僧正（一〇五七～一一二九）
8『阿字観』　勝覚権僧正（一〇五七～一一二九）
9『阿字観』　聖憲和尚（一三〇七～一三九二）
10『阿字観』　栂尾上人（一一七三～一二三二）
11『𑖀字観』　大空和尚
12『真言安心雑記』　天盧懐圓

である。

これらの中、『𑖀字観用心口決』を取り上げたいと思う。実慧は空海と同郷で僅かに年長である。大安寺に唯識を学び、大同元年（八〇六）空海の室に入り、両部灌頂を受け、空海滅後、第二の阿闍梨になった。この『𑖀字観用心口決』は、空海の口決にしたがって阿字観の用心と修法について述べられたという。

この『口決』は、後世多くの学匠によって引用され、阿字観を修する上で、極めて重要と思われるので、全文を現代語訳して出したいと思う。

①『𑖀字観用心口決』 大師御伝 実慧大徳記（和訳）

「先ず此の字を観ぜんと欲わば天井も四方も強ちに迫らざる処にして、暗からず明ならずして坐すべし。暗ければ妄念起こり、明かなれば心散乱す。夜は燈を風《かす》かに挑《かか》げて火を後に向け、座に蒲団を敷き、結跏趺坐、あるいは半跏坐すべし。法界定印を結び、眼は開かず閉じず。開かば散動し、閉じれば眠に沈む。唯、細く見て瞬《まじ》ろがず両方の瞳にて鼻柱を守るべし。舌を顎《あご》に付ければ心は自ずから静なり。

腰は反らさず伏せず、唯直く坐して脈道を助くべし。脈道差えば病起こり、又心狂乱す、是の如く用意して、先ず、金剛合掌して五大願を唱え（衆生無辺誓願度・福智無辺誓願集・法門無辺誓願学・如来無辺誓願事・菩提無上誓願証）、後に胎の五字の明（a・va・ra・ha・kha）を百遍誦し、其の後観ずべし。

先ず能詮の字を観じ、次に、所詮の理を思うべし。能詮の字とは、自心の胸中に月輪あり、秋夜の月の晴れたるが如し。其の中に𑖀字あり。𑖀字は月輪の種子、月輪は𑖀字の光なり。月輪と𑖀字と全く一也。胸中に之を観ずれば、自身即ち𑖀字となる。𑖀字即ち自心なり。是の如きの心境不二にして、縁慮亡絶すれば、月輪の自性清浄なるが故に能く貪欲の苦を離る。月輪清涼なるが故に瞋恚の熱を去る。月輪の光明の故に愚痴の闇を照す。是の如く三毒自然に清浄にして、離散すれば心源湛然として自ずから苦しきこと是れなし。

此の観に入る者は、安楽を得て世間の苦悩を離る。是れを解脱と名づく。いかに況んや達観するときは生死において自在なるべし。是れを即身成仏と名づく。始めは一肘に月輪の分斎を量り観じ、後には、漸々に舒べて三千世界乃至法界宮に遍ずべし。

次に、所詮の理とは、此の𑖀字に空・有・不生の三義あり。空とは、森羅の万法は皆自性なし。是れ全く空なり。然れども因縁に依って、仮に体を現じて万法歴然として之れ有るが有なり。譬えば、如意宝珠に七珍万宝を湛えて、而も縁に随って宝を降らすが如し。玉を破して中を見るに一物も之《こ》れ無し。然りと雖も縁に随って宝を生ず。万宝無きに非ず。是をもって知る空有全く一体なり。是れを常住という。常住は即不生なり。不生とは不生不滅なり。是れを𑖀字大空の当体の極理と名づく。

然るに我らが胸中に此の字を観ずれば、自然に此の三義を具足す。此の三義を具する者は、即ち大日法身なり。

この観門に入る行者は、初心なりと雖も生死輪廻を永く絶して、行住坐臥に皆この阿字観を離るることなし。易行易修にして速疾に頓悟するなり。

若し、既に座すること達すれば必ずしも半跏法界定印に非ざれども行住坐臥悉く𑖀字なることを思うべし。我らが声の生起することは、口を開く最初に胸の中に𑖀の生ずるにしたがって而して喉顎舌歯唇に当て、此の五処より出るは、金界五部の諸尊（大日・阿閦・宝生・観自在王・不空）説法の声なり。

喉舌唇と云う時は、胎蔵の三部（仏部・蓮花部・金剛部）なり。是の如く知れば徒《いたずら》なる事これ無し。

悪口・両舌・妄語・綺語皆五処三内を経て出ずる音なれば、即ち、大日如来の海印三昧王の真言なり。此の理を知らざれば、皆悪業となって地獄に堕して諸苦を受く。知ると知らざるとの差別なり。

『蓮華三昧経』（不詳）に云く、胸中に両部の曼荼羅坐列して各々下転神変し給えり。

その中に、西方の無量寿如来は、説法談義の徳を掌《つかさど》り常恒に説法し給う。その音、我が口より出でて声塵得脱の利益を成ずなり。

然るに、凡夫は之れを知らずして我が語と思いて、我物の執情に封ぜられて、恒沙の万徳無量の密号名字の功徳法門の気声をば只徒《いたず》らに悪趣の業因を成ずること誠に悲しむべきなり。

是れ、即ち自然道理の陀羅尼性海、果分の法門、本不生の極理なり。海に百川を摂するが如く一切の善根はこの一字に収む。故に、海印三昧の真言と云う也。之れに依って一度び此の字を観ずれば、八万の仏教同時に読誦する功徳に勝れたり。云云

広略秘観事

御口に云く。真言の観門多途なりと雖も詮を取り要を抽《ひ》くに広略の二観に過ぎず。先ず略観とは『大日経』第一に「秘密主、云何が菩提となら謂く実の如く自心を知るなり」(大正一八・一c)といえり。此の文は、大日に対し金剛薩埵問い給いて、大日、知自心と答え給うなり。

『疏』(『大日経疏』)の七に云く、「若し本不生際を見る者は即ち是れ実の如く自心

を知るなり。如実知自心即ち是れ一切智智なり」（大正三九・六五一c）と文えり。故に、経に説く所の如実知自心とは、本不生際を見るなり。本不生際を見るを一切智智と為す。一切智智とは、即ち大日なり。故に真言教の即身成仏は本不生際を見ることとなり。

本不生とは、一切諸法は本従り以来不生不滅にして、本有常住なり。煩悩も本来不生の煩悩なり。菩提も本来不生の菩提なり。是の如く知るを一切智智と名づく。然るに我らが生滅去来は眼に当て知り易く、不生不滅は知らざる所なり。

此の如く、諸法本来不生不滅の義は顕教にも盛んに之れを談ず。故に、この不生不滅の名言は、密教不共の談にはあらず。然るに今、密教の規模は凡夫の見聞覚知に及ばざる所なり。

不生不滅の体を直に種子三摩耶形に顕じて之れを知見せしめ、之れを修せしむ。是れ顕教の都て知らざる所なり。

言う所の本不生際の体とは、種子は𑖀字、三形は八葉蓮花なり。此の八葉の蓮花とは、『大日経』に説く所の𑖮𑖴𑖟（hṛda）心なり。𑖮𑖴𑖟心とは即ち是れ衆生の八分の肉団なり。『大日経疏』五に云う。「内心の妙白蓮とは、此れは是れ衆生の本心の妙法芬陀利華秘密の幖幟なり。

華台の八葉は円満均等にして、正しく開敷せるの形の如し。此の蓮華台は是れ実相自然の智慧なり。蓮華葉は是れ大悲方便なり。正しく此の蔵をもって大悲胎蔵曼荼羅の体となす。

其の余の三重は是れ此の自証の功徳より流出せる諸の善知識入法界門なるのみ。此の曼荼羅の極小の量は十六指に斉《ひとしくす》る。大なるは則ち無限なり」（大正三九・六三一b～c）と文えり。

今、此の文の「内心妙白蓮」とは、此れは是れ衆生の本心なり。妙法芬荼利華(puṇḍarīka)とは、心なり。此の心蓮を観ずべきなり。其の観想する様は、心中に八葉の蓮花ありと観ずべし。蓮花の形は、世間の蓮花の形の如し、唯此の蓮花ばかりをも観ずべきなり。

また、蓮花とは、(hṛda)心是れなり。(citta)心は此の蓮花に住す。此の二心は暫時も離れざるが故に蓮花の上に月輪を観ずべし。月輪とは心なり。

𑖓𑖰𑖝𑖿𑖝心の形は実に月輪形の如し。

月輪形の円形なる事は常の水精珠等の如し。又蓮花の種子は、𑖀字なり。故に、月輪の中に𑖀字を観ずべし。𑖀字の形は常に書ける形の如し。四方に廻《めぐ》り有るべし。常に書するは是れ一方の形計《ばか》り也。上下は別に其の形なし。一切の梵字の形の四方なる事も𑖀字をもって之《こ》れを准知すべし。

今この𑖀字蓮花月輪の三の中に、若しは蓮花ばかり観じ、若しは蓮花と月輪とを観じ、若しは、蓮花と𑖀字とを観ずべし。行者の意に任すべきなり。

月輪の勢は一肘量なり。此の量を減ずべからず。

又、此の略観について二様あり。一には、先ず、前一肘に八葉の蓮花（若しくは月輪・𑖀字等）を観ず。此の如く彼此相対の歴然として之れを観じ、其の後に、前一肘に観ずる所の蓮花を自身の中に召入す。是れ、常の入我我入観の如くするなり。云云

一には、先ず前一肘に蓮花（若しくは月輪・𑖀字等）を観じ、観念の退転なく年月を経て之れを勤修するに、所観の蓮花等を目を閉じ、目を開いて見るほどに観じて、自身に之れを召入すべし。

問う、此の𑖀字蓮花とは、本不生際の実体を顕す事なり。此の観を作す時は、此の種子三形の義理これを観ずるか。

口に云く、観法の時は、別に義理を思惟せず。唯その形色を如法に歴然として之れを観ずる計りなり。

また云く。この𑖀字を世間に多く之れを書き置くが故に人これを軽んじて常の事の様に思う大なる僻案なり。此の𑖀字は即ち浄菩提心の実体にして即身成仏の肝心たるものなり。

已上略観畢る。

次に、広観とは、『義釈』に云く。「行者若し一切の縁より起する法は皆これ毘盧舎那の法界身なりと見れば、その時、十方通同して一仏国となる。これを究竟の浄菩提心と名づく」といえり。

今、この釈の意は、一切縁起の諸法に対して皆毘盧舎那法身と照すなり。其の故は、一切の諸法は色心の二法を出でず。色心の二法は即ちこれ六大なり。六大は即ちこれ毘盧舎那法界身なり。その時、十方通同して一仏国となる。

既に一切縁起の諸法を押えて直ちに毘盧舎那法身と照すが故に十方の浄土と六道の穢所と差別あることなく、同一の法界宮なり云云。心寂静なる時は略観に住し、心散乱する時は広観に住すべし。此の二の観門は、是れ極く秘なり。往住坐臥に懈することなく精進修行して速やかに浄菩提心を開顕すべきなり。

已上秘観也云云。」

この『口決』によれば、

(1)阿字観修行の道場は、広からず狭からず。

(2)明るすぎず暗すぎない。

暗ければ妄念が起こり、明るすぎると心散乱する。夜分は、灯をかすかにして後方に置く。

(3)正面に一肘ばかり離れて高からず低からざる所に阿字観の本尊梵字を掛けおく。

(4)座は、布団を敷く。

(5)座法は結跏趺坐あるいは半跏坐にする。
(6)手には法界定印を結ぶ。
(7)眼は、開かず閉じず。開けば心が散動し、閉じれば眠りに誘われる。目を細く開いて瞬きをせず、両眼は鼻柱を守るようにする。
(8)舌を顎につければ心は動揺せず静かになる。
(9)腰は反らさず伏さず、真っ直ぐに坐して血の流れを良くする。もし、血滞すれば、病が起こり心は散乱する。

以上のように道場を整え、

先ず、金剛合掌をして五大願を唱え、続いて胎蔵法の五字明（𑖀・𑖪・𑖨・𑖮・𑖏）を百遍唱えて、その後に観法に入る。

先ず、経典の説く所を観察し、次に、経典に説かれた理を深く思惟する。

経中に示された字とは、自心の胸中に、澄み渡る秋月の如きであり、その中に𑖀字を見る。𑖀字は月輪の種子となり、月輪は𑖀字の光であり、月輪と𑖀字とは全く一如である。

自心即𑖀字、𑖀字即自心

この不二の𑖀字と自心が自性清浄の月輪にあれば、自心清浄となり、貪瞋癡の三毒は自ずから滅すのである。

この観に入り修する者は、始めは一肘に月輪の分斉を量り観ずる。

この月輪には、金剛界の月輪と胎蔵法の月輪とがいわれる。

金剛界の月輪は、『金剛頂経』の五相成身観の段に説かれる。その「五相成身観」の①通達本心の段に心月輪の様が説かれている。しかし、𑖀字に言及されてはいない。満月輪は行者の浄菩提心の体を表象する。金剛界の諸仏菩薩が月輪を光背にしているのはこれに由るといわれる。

蓮華は、淤《お》泥《でい》より出でて染汚されることなき故に清浄不染の胎蔵法の理を表すものとされる。

金剛界の𑖀字は月輪中に収め、胎蔵法の𑖀字は蓮華上に安立する。両部不二を表象する故に次のような𑖀字が示される。金剛界は、蓮上の𑖀字を月輪中に収め、胎蔵法は月輪中の𑖀字を蓮花台の上に置く。

金剛界（表）
胎蔵法界の𑖀字を
金剛界月輪に収む

胎蔵法の𑖀

ここに示される𑖀字は、すでに『大日経』『大日経疏』や『菩提心論』に依拠して説かれた空海の諸論に明らかである。また、真偽未詳であるが『阿字義』などにも説かれている。

この『口決』は、月輪観を詳説せず、主に阿字観を空海の説に順じて説かれている。金剛界・智世界よりも胎蔵法・理の世界を説き示している。

実慧以後、阿字の義、阿字観に関する論書が多く出されたが、多くは、実慧の『口決』に影響されていることが指摘されている。勿論、空海の阿字義、阿字門、阿字観が基になっていることは明らかである。

②覚鑁

覚鑁は空海入定後二六〇年に肥前国に生まれ、幼名を弥千歳麿といった。十歳にして父を喪ない、十三歳のとき、選ばれて慶照にしたがって上京した。師の寛助は、定尊に命じ、初め仏教の基本を学ばしめた。更に、十四歳のとき、南都興福寺において唯識、倶舎を、東大寺において華厳を、東南院で三論を学び、広く仏教の基本を学んだ。

十六歳のとき、仁和寺に戻り、寛助のもとで出家し、覚鑁の名を得られた。引き続き南都において性相学を学び、時の到るのを待ち、東大寺戒壇で具足戒を受けられ正式に比丘となられた。

その年十二月、覚鑁は高野山に登り、大塔の近くで阿波上人青蓮に遇い、彼のもとに逗留し、密教を学び、その翌年最禅院明寂にしたがって、最秘の印真言を受けられた。同時に、空海に傾注すること深く求聞持法や千日護摩を修すこと数度に及んだ。

覚鑁は、求聞持法を修せる間に心に積った思いを、長智院の壁に書きつけたといわれる偈文がある。「障子書き文」として知られている文である。

「大乗深秘の説は　万法は一心の作なり　心常に仏境に遊ぶ　身何ぞ迷界に住《とど》まらん

若し為に十方三世の　仏に帰敬せんと欲《おも》わば　必ず当《まさ》に六道（地獄、餓鬼、畜生、修羅、人、天）四生（胎生、卵生、湿生、化生）の類を尊重すべし　竪には過去の四恩　および未来の五仏（大日、阿閦、宝生、弥陀、不空成就）横には十方の諸尊　並に両部（金剛界・智差別、胎蔵法・理平等）の三宝なり　有有は空、空が有なり　空空は有、有が空なり有空を空ずれば倶に空なり　空有を有すれば同じく有なり　有に非ず亦た空に非ず一中にして二辺を離る　是れ空なり復た是れ有なり　二諦即ち一法なり　夢裏の有無は　有無同じく無なり　迷中の是非は　是非倶に非なり　濁水の清く澄むは　既に是れ珠の力なり　妄去り真来るは　豈智用に非ずや」

この短い一文の中に、生き急いだとも見られる覚鑁の濃密な生き方が感じられ、我々を反省の場に導くのである。覚鑁二十四歳ごろの文であり、覚鑁の尊崇して止まない空海も二十四歳の折、出家宣言の書といわれる『三教指帰』を書き、一介の沙門となり、山野を跋渉し、阿波大龍岳で自然の声に耳を澄まし、室戸崎の小洞窟に虚空蔵求聞持法を成満された。

動的な空海に対し、覚鑁は静にあってよく内観に努め、「内観の聖者」と呼ばれた。

③覚鑁における阿字観

『興教大師著作全集』第五巻「内観部」などに𑖀字観に関する文書が九篇ほど見られる。

それらは、現在真偽未詳のものもあるが、次のとおりである。

イ阿字観頌
ロ阿字観
ハ𑖀字観
ニ𑖀字観儀
ホ𑖀字観
ヘ𑖀字観
ト釈菩提心義
チ𑖀字問答
リ阿字月輪観

イ『阿字観頌』（書き下し文）

心月輪の中に　八葉の荷《はちす》有り　蓮華台の上に　或は一の𑖀字あり　内外明浄にして　紅蓮華の色なり　五智の光を放って　九識の闇を破す　心より体に遍じて　無

明、跡を削りて　自より他に至って　迷闇、影を止《とど》む　息は出入に随い　字は内外に遍じ　外に出ては他を利し　内に入っては自ら度す　阿は是れ字母なり　能く多字を生ず　法は即ち仏種にして　妙に諸仏を成ず　一一の種子　法界に周遍し　彼彼の諸仏　虚空に等同なり　各《おのおの》本誓を以て　光を放って法を説きたまう　同じく曩《ノウ》願《ゲン》を顧て　神を現じて生を利す　三身は唯阿字の一乗を説きたまう　諸経広く此の法の衆徳を讃す　名を聞き耳に触るれば　衆罪氷の如く消え　声を唱え字を見れば　万徳雲の如く集まる　浅観但信の者は　直ちに浄土に遊び　深修円智の人は　現に仏道を証す

（仁和寺所蔵の心蓮院旧蔵本を以て底本と為し、観智院所蔵の杲宝〈一三〇三〜一三六二〉僧都所持本等を対校す。其の奥書は左の通りである。

心蓮院本

康永三年〈一三四四〉五月十八日書写一交了る。此の𑖀字観は龍智の御作なりと仰せらる云云。

不空三蔵之れを記す。

醍醐三宝院本

密厳院上人作分の帙類本有りと雖も書し了る。
慶長十五〈一六一〇〉庚戌　月　日　義演〈一五五八～一六二六〉

□『阿字観』（書き下し文）

夢幻泡影　石火の輝《あか》り　行住坐臥　愚昧の案　心開くべからず坐禅の床　心閉ずべからず禅定の室　他より得ず自然智　自よりも得ず無師智　己心は法界にして有無を離れ　明朗寂然として無一物　無去無来にして去来を示し　生死は本より無にして因縁を成ず　識大は無体にして太虚を融し　生死を離れずして生死を離れ　涅槃を取らずして涅槃を得　隠顕自在なること水月の如し　凡聖一如にして迷悟を亡じ常住不変にして始終を絶つ　諸法任運にして造作に非ず　教外無相にして法義を唱う　仏祖伝えずとも法爾に備わり　心源空寂なれども金剛よりも堅し　𑖀字の空剣は生死を斬り　𑖪𑖽字の智水は諸法を成ず　𑖮𑖽字の命風太虚に遍じ　本不の心蓮自然に開く

（観智院所蔵、杲宝僧都所持本をもって底本と為し、高野山宝亀院所蔵足利中期〈一三〇〇年頃〉

𑖀字を観ずる禅観をもって、因縁、有無を離れた自然智を得、それを更に五大をもって得することを説いている。

八『𑖀字観』𑖪𑖽作（取意訳出）

𑖀字観を修するに先だって、先ず、一肘ばかりの白蓮を画き、その上に月輪、そして月輪の中に𑖀字を画き（本書の187頁参照）、静かな所に安置する。その前四尺ほど離れ半伽坐する。

次に、護身法。

次に、三昧耶戒真言 Oṃ samayas tvaṃ（オーム　汝は三昧耶である）と唱える。

次に、発菩提心 Oṃ bodhicittam utpādayāmi（オーム　我れ菩提心を起こさん）。

この両真言は、左右をままに合掌して七反ばかり誦して、その後、百返、二十一返、念珠で数を取る。

次に、眼を閉じ𑖀字観をする。この点に関しては口伝が多い。

我が心月輪中に本有法然の𑖀字がある。これは、本不生の理《ことわり》を示し、自性法身から六道《りくどう》、四生（胎・卵・湿・化）の人や非情の瓦礫に至るまで全本不生の理の中にある。これは諸仏も同様に本不生際にあり一切の衆生もこれ同等である。

𑖀字の出息は他を度し入息は自らを度す。諸仏の心月輪の阿字、外に出でて我が月輪に住す。これが入息であり、我が気息が、心月輪より出て諸仏の心月輪に住す。この様に気息を通して我と諸仏の一体なることを知るのである。この間も不断に𑖀字を見ながら𑖀𑖀と唱えて断ずることなからしめる。

時間は、二時間あるいは一時間意にしたがって修し、懈怠を感じたなら経行を行ずる。

一切は𑖀より拡散し、𑖀に収斂される自成就、本不生の世界である。この𑖀字観に住するのを如実知自心、浄菩提というのである。

初心の者は、この由来を尋ねず、只管𑖀𑖀と唱え修すべきである。

## 二『𑖀字観儀』覚鑁上人御母儀へこれを御勧む

当書の書き出しが、先のハ『𑖀字観』𑖪𑖽作が勝覚（一〇五七～一一二九）の『阿字観次第』によって、胎蔵法の阿字観を出しているのに対し、ここでは成尊（一〇一二～一〇七四）『阿字観法則』に依って金剛界の阿字を出している。この𑖀字の図を閑静な所に目の高さの四尺ばかりの所に安置することを説いている。

覚鑁は先学の覚勝、成尊によって金胎両部の𑖀字の図画を指示している。この点から、覚鑁在世のころには、阿字観の修行が可成り広く行なわれていたように思えるのである。

阿字観の作法として次のように述べる。

「先ず普礼。

次ぎ、着座。

次ぎ、塗香。

次ぎ、護身法。

次ぎ、結界不動明王。

次ぎ、発菩提心咒。

次ぎ、三摩耶戒印咒。
次ぎ、五大願。
次ぎ、五字明百遍。
次ぎ、数息観。

法界定印にして、耳と肩と等しく、鼻と臍と等し。両方の瞳にて鼻端を守り、舌を顎に付けば、息、自ずから静かなり。腰を反《そら》さず、また伏せず。唯だ直ぐに坐して身を前後左右に二三遍動じて脉道を調《ととの》えて、心の障りなき様にすべし

数息観のことは具さに口伝あり。

茲《ここ》の観意、閉目開目、ただ一向に𑖀字を注ぐべし。謂く、我が心月輪の中に本有法然の𑖀字あり。是れ不生の理《ことわり》なり。上《かみ》自性法身より下《しも》六道四生（地獄・餓鬼・畜生・修羅・人・天、胎・卵・湿・化）の凡夫乃至土木瓦石に至るまで、この本不生の理を備えざるはなし。故に一切衆生本有薩埵というは是れなり。

能観の心と所観の阿字と本来無二一体と観ずべし。然るに我が心月輪の𑖀字、出息として外へ出でて他を度し、一切衆生の出息と、また我が出息として自ら度し、又、

諸仏の心月輪の𑖀字、外に出でて我が心月輪に住す。是の如く出息入息すること、無始より今日に至って増減なく、尽未来際までもしからざるはなし。

此の観数々凝《こ》らさば一切衆生の本不生の理《ことわり》も、諸仏の本不生の理も、終に、わが心中に収め、息を臍より鼻の前のほとりに徹《とお》して口を少しく開いて出入の息を阿阿と唱念すべし。しかも眼を開くときは前の𑖀字を我が心月輪に引き入る如く思い、眼を開いては本不生の理を観じ、唯片念も余念すべからず。

一心乱ることなく、終焉することも只この一門に至極せり。されば受生最初の𑖀と唱え出で、それより以来𑖀と悦び、𑖀と悲しみ、何に付けても𑖀と云わざることなし。

是れ法性具徳の自然の道理、種子なれば善悪諸法、器界国土、山河大地、沙石鳥類等の音声に至るまで、皆これ𑖀字法爾の陀羅尼なり。是の如く不思議の真言、本旨成就したりと深く信心を凝らし観ずべし。

但し、初心に強《あながち》にその故を問うべからず。只一心に阿阿と唱うべし。是れ自然道理の三摩地なり。

また𑖀字は月輪の種子なり。月は𑖀字の光なり。月輪は𑖀字と𑖀字の光なり。月輪の光とは、心月輪の徳用を云う。謂く月輪の自性清浄なるが故に能く貪欲の垢を離れ、月輪清涼なるが故に　瞋恚の熱を去り、月輪光明の故に愚癡の闇を照らす。斯の如く三毒自然に離散すれば、湛然として自ら苦しむことなく、大安楽の解脱を得るなり。

始め、月輪の一肘量を観じて、後、漸々舒《の》べて三千世界乃至法界宮に遍満せしむ。この時、本尊たる𑖀月をも忘じ、方・円の相も本より忘じ、又自らの身と心とをも忘じて全く無分別に住す。やや久したる後に、出観と思う時に、𑖀字本相の一肘量を観じ、つづめて自心の胸中に収めて、衆生を利せんが為に、大悲門の世界に住して出定すべし。

但し、この時剋は、行者の意楽に任《まか》すべし。真実に此の道を成就せんと思わば、行住坐臥、浄不浄をも簡ばず、日夜四威儀間断なく一向に此の三昧に住し、余念を生ぜず、歳月日時相続して、退屈心なければ、必定して現生に自然無上の大法成就すと思い努努《ゆめゆめ》疑念を生ずべからず」

この一文は、覚鑁が母親のために誌《しる》した「阿字観儀」といわれる。文体が優しく、行間に覚鑁の母に対する思いが垣間見られるようである。

𑖀字観を修するに先だって、一肘ばかりの月輪の中に白蓮、その上に𑖀字を画けるを造作し、目の高さほどの処に安置する。次いで、阿字観に入る前行が説かれ、数息観に入るが、これは、南方上座部仏教におけるkammaṭṭhānaと同様であり、禅行に共通する修法である。先ず、出入息を調え、samatha（止）に心を置き、無分別、無無分別の境に自らを導き、心身寂止の態にする。それによって、三毒を離れるのである。出観のときは、所観の𑖀字を胸中に還し、利益衆生の大悲門を想念して定を離れるのである。

ホ『𑖀字観』

『阿字観』と題する論が三本ある。いずれも小論であるが、主題を異にしている。ここでは、まず、「𑖀（a）字は是れ諸字の母なり。能く多くの字を生ず」と立て、「一字の真言が一切の陀羅尼を生み出す親である」。生死の中に在って、病重篤なるときは、出入息が𑖀（a）字である。この𑖀（a）字に心を留めおくことが頓成菩提の道である、と説き、唐突に、𑖀𑖦𑖰𑖝（amita, 阿弥陀）の言を出す。𑖀𑖦𑖰𑖝はamita（a/mā, 無量の）、amṛta（不死、甘露）の意があり、時間的空間的に無量無辺の故をもってamitāyus（無量寿）、amitābha（無量光）の呼称がある。

『金剛頂経』によれば、五相成身観を円満せる一切義成就菩薩は仏身を円満し、毘盧遮那如来を円成し、その東に阿閦如来（不動）、南に宝生如来、西に観自在王如来（阿弥陀）、北に不空成就如来が配置されている。この中、観自在王如来が、無量光、阿弥陀如来に置き換えられている。この点に関して、『金剛頂経』の註釈書『Tattvāloka』（Ānandagarbha）、『Kosalālaṅkāra』（Śākyamitra）あるいは『タントラ義入』（Buddhaguhya）などは、一様になんらの説明もなく観自在王如来は無量光であり阿弥陀如来と釈している。阿弥陀如来の脇士として大勢至菩薩と共に観自在菩薩がおかれる。ここに、我々は、密教の浄土観を見ることが出来るであろう。すなわち、毘盧遮那如来を中心とする五如来の中、西方に説かれる妙観察智の主尊阿弥陀如来が説かれる。西方浄土を願う人にとって真言の極である𑖀字観に過ぎたるものはない、これが真言の極である、と説かれ、更に言葉を重ねて、「もし不信仰の人は、無間地獄に堕ちるであろう」と説かれるのである。
覚鑁は、『大日経疏』「悉地出現品第六」(大正三九・七〇六a〜c)の文をもって論じている。そして𑖀字の一字にて成仏する旨を説いている。
覚鑁のころには、往生思想、浄土思想が可成り広く行なわれていたであろう。そこに到る法として、念仏をいわず𑖀字観をもってしているのである。

へ『𑖀字観』

文末に「𑖎𑖽𑖤𑖽上人これを誌したまう」の文があり、この論が覚鑁の筆なることを示している。この論の冒頭に、

「夫れ菩提心と申すは、すなわち阿字観なり。阿字観と申すは、本不生の理なり。本不生の理と申すは、諸仏の心地なり。諸仏の心地と申すは、一切衆生の色心実相なり。色心実相と申すは、我が一心の心なり」

心蓮上の阿字、即ち胎蔵法の𑖀字が変じて月輪すなわち金剛界の阿字となる。これが発菩提心の形であり、一切の有情、無情全てに備わっているのである。

発菩提心に関しては、『初会金剛頂経』（『Sarva-tathāgata-tattvasaṃgraha nāma mahā-yāna sūtram』）の五相成身観を説く段に詳しい。

五相即ち、通達本心、修菩提心、成金剛心、証金剛身、仏身円満の段の第二に発菩提心が説かれ、それが月輪形として顕現されることが説かれるのである。そして五相をもって心から身へと移行する𑖀字を観ずるのである。本論においては、

「阿字すなわち一念の菩提心なり。菩提心すなわち毘盧舎那の内証なり。毘盧舎那菩提心すなわち是身是仏なり」

と説かれる。次いで『大日経』「入真言門住心品」（大正一八・一c）の文「云何が菩提となら謂く如実知自心」の文を説かれるのである。それは「心にわが一念の菩提心を阿字と悟らしめる故である」と。阿字を重要視し、即身成仏への道はただ阿字門であるとするのである。

「虚空と菩提心とこれはすなわち同体なり。心は菩提心なり。虚空も常の虚空にはあらず。わが一念の菩提心なり。その量広大にして無辺際なり」と、『大日経疏』「住心品第一」（大正三九・五八九a取意）を出し、更に「百字成就持誦品第二十二」（大正三九・七七三b）

の文を取意して「知るを実知という。知らざるを忘念という。故に生死に沈み、実知によるが故に菩提を証す」と述べ、空海の『般若心経秘鍵』の文「知ると知らざると誰れが罪過《とが》ぞや」を借りて厳しく問いかけるのである。この事由を知らずして生死の際を離れることは出来ないので万事を抛《なげう》って阿字観を行ずべきであると説かれるのである。文末に「上人之れを誌したまう」の文がある。

ト『釈菩提心義』

当論の初めに、阿字観である菩提心は、梵の bodhi citta であり、智の意である。心は、citta と hṛdaya の二があり、citta は一切諸法を了知する心であり、hṛdaya は衆生本有の心であり存在そのものである、と説かれ、更に『秘密三昧耶仏戒儀』を引いて、

「菩提心とは、即ち是れ諸仏の清浄法身、また是れ衆生染浄心の本なり。源本を尋逐するに生滅なし。十方に之れを求むるに終に不可得なり。言説の相を離れ、名字の相を離れ、心縁の相を離れ、妄心流転するを、すなわち衆生染浄心と名づけ、開発照悟するを即ち諸仏清浄法身と名づく。故に、又『不増不減経』（大正一六・四六七b）

にいわく、「衆生界を離れずして法身あり。法身を離れずして衆生界あり。衆生界すなわちこれ法身、法身すなわちこれ衆生界なり」（弘全五・一四二）
法身と等同にありながら、因地にあって本法身に迷う故に、大精進を発《おこ》して正行を起こすのである。その始まりが四弘誓願を円満することであり、その時の菩提心の真言は、Oṃ bodhi cittam utpādayāmi（オーム　我れ菩提心を発さん）である。
月輪として表象される菩提心は、また、本来自性清浄なるをa字として表象される。a字の一字を出入息観をもって観じ、三洛叉（trlakṣa，三十万遍）と解し、あるいは洛叉を「相」（lakṣaṇa）と観じ、解するのである。これをもって巧みに時空を一元化し、在る者の実相を解するのである。そしてa字の功能を『大日経疏』（大正三九・七〇〇b）の文を引いて長寿、解毒など諸をもって明かすのである。

チ『𑖀字問答』[illegible]記

先ず、a字本不生（ādyanutpāda）の義を自問する。そしてこれに遮情と表徳の二義を立てる。

遮情に二義ありとし、先ず、有為有漏の無明染法は、自性上空無にして不生である故に本不生といわれる。

二に、無明妄想の分別執著より生ずる一切は、それが染法にあれ浄法にあれ、あるいは功徳、過患にあれ皆悉く本来無自性空にして生有ることはない。故に本不生というのである。如来の三密行は、本来、真実一路にして相対を離れている。有・無、善・悪、得・失などは自心を離れてなく、分別する所に生ずる迷誤という影なのである。

以上、生・住・異・滅の有為の四相から遮情の面から観じ、次いで表徳の面から次の十義を述べるのである。

1 如実知自心の義

『大日経疏』（大正三九・六五一）に依る『即身成仏義』『吽字義』を引いて「如実知自心」を明かしている。

2 一切衆生本来仏の義

『大日経疏』（大正三九・六五一c）に依る、『異本即身義』の文「衆生究竟じてこれ仏なりと見るを、諸法の本不生際を見ると名づく」（弘全四・三四）を引いて説く。

3中道の義
『吽字義』の文「すなわち一実境界の義、すなわちこれ中道の義なり」（弘全一・五三七）という。
4正覚等持の義
『大日経』（大正一八・九c）『大日経疏』（大正三九・六四五c）に「ただ本不生を覚るをもって故に三昧と名づく」という。
5自性清浄無改転の義
真偽未詳の『真言二字義』（弘全四・二〇九）の文「心の自性は本より清浄なり。これ即ち阿字本不生の義なり」を引く。
6三句の義
三句とは、『大日経』（大正一八・一c）に説かれる「菩提心為因、大悲為根、方便為究竟」である。『大日経疏』は、因・根・究竟の順に解しているが、Buddhaguhyaの『広釈』は、「悲が根であり、衆生が苦に苦しむことから解放されるため、悲に基《もと》づいて願などの菩提心を生ず、その故に、その悲が菩提心の根になるので因の因と見られる」と説いている。

またBuddhaguhyaと同時代の、シナ和尚との間での悟りの頓漸の論諍で有名なKamalaśīla『修習次第（Bhāvanakrama）』（東北No.3920）は「この一切智智は悲の根より現じ、菩提心の因から現ずるものであり、方便を究竟とするものである」と述べている。

また、Kamalaśīlaは、漢訳『広釈菩提心論』（大正三二・五六五b）に「『毘盧遮那成仏経』に説くが如し、所有の一切智智は、悲心を根本と為し、悲より大菩提心を発生し、然して後に諸の方便を起こす」と述べ、Buddhaguhyaの説と同じく大悲を因の因と位置づけ第一の菩提心を発《おこ》す因とするのである。

覚鑁は、また三句を八不中道の点から論じている。

7三身の義

本不生を法・報・応の三身として解している。

8三諦の義

本不生を空・仮・中の三諦に相応させて理解している。

⑨三密の義

本不生の本は身密、不は語密、生は意密に相応させて理解している。

⑩体・宗・用の義

「本とは体なり、不とは宗なり、生とは用なり。『秘蔵記』の如し。この中の不とは空なり。空とは無礙なり。いわく自他ともにして三平等なり。互相に渉入し円融して、無障礙の義なり」

以上、阿字、阿字観に関して論じてきたが『障子書き文』の文「迷中の是非は　是非倶に非なり」とならぬことを念じている。

覚鑁は、言葉だけに頼って真意が理解されるとは考えておられなかった。即ち、「𑖪𑖽が虚言ならば之れを修して自ら知れ」（『五輪九字明秘密釈』）と、実践を通しての体解を主張されるのである。

月輪観は、主に金剛頂経に説かれ、阿字観は『大日経』に広く説かれている。しかし、実際に修す上での詳しい軌則は説かれない。

インドにおける宗教、哲学は全般を通して瑜伽行が共通の正行である。仏教においては、釈尊がガヤーの森の中の樹下に行ぜられた āna-pāna sati が基本である。この行は両端を排した中道の行であり、近くの落雷の響にも動ずることのないほど深く自己の内に沈潜せる禅行である。釈尊が、最後に、諸弟子に示された無余依涅槃への道でもあった。この内観禅は、『正法念処経』や『清浄道論』に見られる程度で、実践のための儀軌、軌則の類は見られない。只、内観禅として南方上座部仏教圏に行なわれ、その指導者として Kammaṭṭhāna ācariya が居るが、大乗仏教には内観禅専門の阿闍梨は見られないようである。

# あとがき

最初に触れた禅観は、上座部仏教のVipassanā kammaṭṭhānaであり、ānapāna（数息観）を基本とするものであった。時折坐して昔の感触を確かめている。両部大経を研究対象とし、その資料の訳出と集成を試みているので、『金剛頂経』に説く月輪観、『大日経』所説の阿字観などを一人試みてみた。いずれもānapāna（数息観）が基本なので困難さは感じられなかったが、ある程度出入息が安定し、心が定まって来ると、いつの間にかかつて経験したVipassanā kammaṭṭhānaの出入息に変わっているのである。幾度試みても結果は同じであった。指導を仰ぐべき指導の阿闍梨もなく、結局は諦めざるを得なかった。

体で覚えて仕舞うので、最初の禅行が極めて大事であり、如何なる禅行に依拠するかは慎重に選ばなければならない。同時に今は指導に携わる阿闍梨の策定が求められているのではなかろうか。
主題が観想なので具体性に乏しく内攻しがちなので写真などを入れて見ましたが、読者諸氏の益になれば幸いである。

令和二年四月八日

蓮花寺仏教研究所にて
遠藤祐純

**遠藤祐純**えんどう・ゆうじゅん**略歴**

略　歴

1935年　福島県に生まれる

1970年　東北大学大学院文学研究科博士課程単位取得、満期退学

1974年　真言宗智山派蓮花寺住職

2005年　大正大学名誉教授

2007年　蓮花寺仏教研究所代表

専　攻　仏教学（密教）

著　書　『釈尊—その足跡—』『風鐸』『続 風鐸』『北の仏教・南の仏教　塔のある風景』『ミャンマー乞食旅行』『金剛頂経入門』シリーズ全5巻、『金剛頂経研究』『蔵漢対照『大日経』と『広釈』上・下』『戒律概説—初期仏教から密教へ』『Āandagarbha造『金剛界大曼荼羅儀軌一切金剛出現』『金剛薩埵出現と名づくる成就法』『金剛薩埵成就法』和訳』（以上、ノンブル社）ほか多数

※本文写真——遠藤祐純

**仏教《ぶっきょう》における観法《かんぽう》**

2021年2月28日　第1刷第1版発行

著　者　**遠藤　祐純**

発行者　**竹之下正俊**

発行所　**株式会社ノンブル社**

169-0051 東京都新宿区西早稲田1-8-22-201
電話 03-3203-3357　FAX 03-3203-2156
振替 00170-8-11093

ISBN978-4-86644-025-5　C0015



印刷製本・亜細亜印刷株式会社

落丁乱丁本は小社宛お送りください。送料小社負担にてお取り換え致します

## 遠藤祐純の本

### 風鐸《ふうたく》　日本図書館協会選定図書

**弘法大師空海に学ぶ、生活の中の密教**　風鐸は本堂の隅木に吊るされた銅製の鈴である。吹き来る風に時折風雅な音を響かせて、存在を気付かせてくれる。心に吹き寄せる業風に、読む人の心の底で、幽かであっても、何らかの音色を奏でてくれればとの願いを籠めて

四六判上／一三〇〇円＋税

### 続・風鐸《ふうたく》

「**続風鐸**」道は、私たちが日頃歩む道路ばかりではない。呱々の産声とともに人生の道を歩みはじめ、命終をもって一応の道は完了するが、その道は次の世代の道へと接続され果てしない。お大師さまは仰せられた「道は本より虚無なり　終りも無く始めも無し」と。「**櫻遍路**」満開の桜の下、遍路の旅路についた。道すがら右に左に見える桜は疾うに散り果てていると思いこんでいた私たちを驚かす「春風や　歩む遍路の　桜道」（本文より）

四六判上／一四〇〇円＋税

### 北の仏教・南の仏教　塔のある風景　日本図書館協会選定図書

**仏を求める旅で考えたこと**　暑熱と埃、ジャスミンの清楚な香り、牛糞の臭い、喧騒と静寂、冗舌と沈黙、緩慢な時の流れ、ありあまる広大な空間、その片隅に棟を寄せ合う小村落、そこにはすべての不条理も呑み下してしまう不思議な平穏があった

貴重な〈仏塔〉写真70点以上収載　四六判上／口絵／一八〇〇円＋税

### ミャンマー乞食旅行　日本図書館協会選定図書

**留学僧としてパゴダの国へ**　私たちの想像の及ばない厳しい生活下にありながら、ミャンマーの人たちは、優しい笑顔を絶やすことなく、私を包んでくれた。彼らに接するたびに、私たちがすでに失ってしまった、豊かでやさしく他を思い遣る心根に触れ、心はゆったりと揺蕩うのである

四六判上／一六〇〇円＋税

### 釈尊―その足跡―

**いまに継がれる法灯の原点**　ミャンマーとタイで三年間の比丘生活を送り、戒律や『法句経』『大般涅槃経』などを学んだ著者が南伝の釈尊伝を基に書き起こしたお釈迦さまの足跡

四六判上／一七〇〇円＋税